KB164236

copyright ⓒ 2008, 김경수

이 책은 한국경제신문 한경BP가 발행한 것으로
본사의 허락없이 이 책의 일부 또는
전체를 복사하거나 전재하는 행위를 금합니다.

주말골프
무조건
10타
줄이기

김경수 지음

한국경제신문

처음엔 기자들이 책을 내는 데 대해 이상하게 생각했다. 시간을 다투는 신문사에 있으면서 짬을 낸다는 것이 불가능해 보였기 때문이다. 그래서 주위에서 책을 내는 기자들을 보면 '참 대단하구나' 하는 생각과 함께 '기자들이 쓴 책의 깊이는 얼마나 될까?' 하는 의문이 들기도 했다.

골프에 입문한 지도 벌써 16년째. 그동안 신문에 연재한 글만 모아도 책 몇 권을 내고도 남았을 법하다. 그러나 신문에 이미 난 내용을 엮어 책을 낸다는 것이 어쩐지 쑥스러웠다. '웬만한 독자들은 이미 읽었을 터인데……'라는 생각을 떨칠 수 없었다. 그런데 이미 책을 낸 동료 기자들의 조언에 마음을 바꾸기로 했다. "스스로 연구하고 창작한 것들인데 이미 신문에 난 것하고 무슨 상관이 있겠습니까."라는 말이 힘이 됐다. 그래서 책을 쓰기로 하고, 그동안 한국경제신문 '골프·스포츠'란에 연재한 것들을 모았다.

이 책은 제목에서 알 수 있듯, 아마추어 골퍼들이 단기간에 스코어를 낮추는 데 도움이 될 만한 내용을 중심으로 엮었다. 왜 하필 10타인가. 골퍼들의 평균 스코어는 대개 '베스트 스코어'에 9타를 더하면 나온다. 또 내로라하는 프로들도 하루사이에 10타가 오락가락하는 일이 흔하다. 이는 골퍼들이 언제든지 지금보다 10타를 줄일 수 있는 잠재력이 있다는 것을 방증한다.

사실 '주말 골퍼'들이 단번에 5~10타를 줄이는 것은 쉽지 않은 일이다. 그렇지만 깨달음을 통하거나 마음먹기에 따라서 1타씩이라도 줄여 목표에 다가

갈 수 있다면, 골퍼들에게는 또다른 기쁨이 아니겠는가. 이 책은 그런 바람으로 씌었다.

1부에서는 짧은 기간에 스코어를 줄일 수 있는 내용을 모았다. 90타대 벽을 넘어 80타대로 진입하고, 더 발전해 70타대로 진입하기 위한 전략을 소개했다. 또 '베스트 골프'를 하기 위한 방법, 골퍼의 분신인 클럽 다루는 법을 곁들였다.

2부에서는 골프 스코어의 비밀을 들춰보았다. '스코어링 존'이라고 일컬어지는 그린 주변에서 어떻게 할 것인가, 트러블에 빠져도 웃으며 나오는 길은 없는가, 퍼트의 귀재가 되는 방법은 무엇인가 등을 살폈고, 롱게임까지 간단히 훑어보았다.

3부에서는 골프 친구들 사이에서 '최후의 승자'가 되기 위한 골프 습관들을 모았다. 골프는 10%가 기량, 90%가 멘탈리티라고 했던가. 아무리 샷이 좋고 거리가 멀리 나가도, 마인드 게임이나 게임 매니지먼트가 잘못되면 좋은 스코어를 낼 수 없다.

4부에서는 톱프로 10명의 '족집게 레슨'과 수많은 골퍼들이 시행착오를 거쳐 체득한 '경험 법칙'을 나열했다. 부록에서는 스마트한 골프를 위한 보너스 팁을 실었다. 골프 규칙만 잘 알아도 1~2타를 세이브할 수 있는 상황을 예를 들어 설명하고, 스코어를 줄이는 데 필요한 골프용어를 첨부했다.

책을 내기까지 격려해주신 김경태 한경BP 사장, 기자를 골프의 세계로 인도해주신 김흥구 골프스카이 대표, 매일매일 쓴 글을 원만하게 데스킹해주신 이정환 한국경제신문 문화부장, 그리고 20년 가까이 골프를 하는 동안 숱한 시간을 함께 하지 못했는데도 큰 불평없이 참아준 가족들에게 감사드린다.

김경수

CONTENTS

CONTENTS

CONTENTS

PART 3
최후의 승자가 되기 위한 골프 습관

Chapter 1. 마인드 게임

Chapter 2. 게임 매니지먼트

PART 1
10타를
낮춰주는
전략과 팁

90타 벽을 넘어
70타대 들어서기

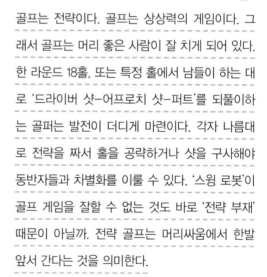

골프는 전략이다. 골프는 상상력의 게임이다. 그래서 골프는 머리 좋은 사람이 잘 치게 되어 있다. 한 라운드 18홀, 또는 특정 홀에서 남들이 하는 대로 '드라이버 샷-어프로치 샷-퍼트'를 되풀이하는 골퍼는 발전이 더디게 마련이다. 각자 나름대로 전략을 짜서 홀을 공략하거나 샷을 구사해야 동반자들과 차별화를 이룰 수 있다. '스윙 로봇'이 골프 게임을 잘할 수 없는 것도 바로 '전략 부재' 때문이 아닐까. 전략 골프는 머리싸움에서 한발 앞서 간다는 것을 의미한다.

01 90타대 골퍼들의 흔한 실수

기량은 80타대 스코어를 낼 수 있을 것 같은데도 스코어카드를 보면 '90+α'인 골퍼들이 있다. 그들의 공통점은 한두 홀에서 무너지면서 하이 스코어를 낸다는 것이다. 그런 결정적 몰락은 실력 부족보다는 판단 착오나 실수 때문에 나온다.

🌕 드라이버 샷 거리 욕심내기 : 앞서 친 동반자가 장타를 날렸을 때 평상시보다 더 힘이 들어간다. 페어웨이 양옆이 트러블이거나 폭이 좁은데도 100%의 힘으로 드라이버 샷을 날린다. 잘 맞았을 때는 문제가 없지만 볼이 러프·해저드·OB 등지에 빠지면 금세 더블보기 이상이 되고 만다. 평상심으로 치든가, 우드 티샷이 권장된다.

🌕 150m 이상에서 온그린 시도하기 : 홀까지 150m 이상 남았고 그린 좌우에 트러블이 있다. 그런데도 긴 아이언이나 우드를 들고 깃대를 노린다. 보기 플레이어들이 이 경우 볼을 그린에 올릴 확률은 20%도 안 된다. 실낱같은 확률을 믿고 샷을 하는 것은 만용이다. 서드 샷을 하기 좋은 곳에 볼을 갖다놓는 레이업을 하면 최악이 '보기'이다.

🌕 깃대 위치가 까다로운데도 직접 겨냥하기 : 홀까지는 100m 안팎으로 쇼트아이언 거리. 그런데 깃대는 벙커 바로 뒤나 해저드 옆에 꽂혀 있다. 이 경우 프로들도 깃대가 아닌, 그린 중앙을 겨냥한다. 하지만 겁없는 아마추어들은 깃대를 곧바로 겨냥한다. 그렇지만 결과는 온그린조차 안 될 때가 많다. 짧다고 만만하게 보지 말고 안전한 길을 찾아라.

🌕 트러블 넘기는 쇼트 샷 붙이려하기 : 볼에서 홀까지는 약 30m. 그런데

그 중간에 벙커가 도사리고 있고 깃대는 벙커 너머 그린 앞쪽에 꽂혔다. 볼을 깃대에 붙이려는 욕심으로 띄워 치려다가 짧아 볼이 벙커에 빠져버린다. 아마추어다운 전략을 구사해야 한다. 볼이 홀에서 멀어지더라도 일단 그린에 올린 뒤 2퍼트로 마무리한다는 자세가 현명하다.

꼭칩샷 뒤땅치기 : 볼에서 홀까지는 20m. 볼에서 그린 가장자리가 5m, 그린 가장자리에서 홀까지가 15m 정도이다. 더욱 중간에 장애물은 전혀 없다. 이런 상황에서도 샌드웨지나 로브웨지를 들고 띄워 치는 골퍼들이 많다. 로프트가 큰 클럽으로 띄워 치는 것은 고난도 테크닉이다. 피칭웨지나 쇼트아이언으로 굴려서 공략하는 것이 실수도 막고 볼을 홀에 더 붙이는 길이다.

꼭첫 번째 퍼트 턱없이 짧게 치기 : 퍼트 거리가 5m 안팎인데도 브레이크를 보는 데 집중한 나머지 정작 중요한 거리(스피드)감 파악은 소홀히 한다. 그래서 첫 퍼트를 홀에 1m나 못 미치게 치고 3퍼트를 하고 만다. 퍼트는 방향보다 거리를 맞추는 데 더 신경 써야 한다.

멘탈 포커스 : 유형 중 하나라도 해당한다면 다음에는 한번 바꿔보자. 해당 사항이 없는데도 90타대를 벗어나지 못하는 골퍼라면 '기본'에 더 충실해야 한다.

02 90타 벽 깨려면 매 홀 '5타'를 목표로 삼아라

90타의 벽을 깨고 80타대에 진입하기 위한 길은 여러 갈래가 있다. 그 중 18홀 전 홀에서 '5타'를 목표로 한 전략도 종종 추천된다. 파3홀이나 파4홀, 파5홀 모두에서 5타를 목표로 하는 것이지만 파4홀에서 5타, 즉

보기를 목표로 한다는 것이 이 전략의 핵심이다. 파4홀에서 세 번 만에 볼을 그린에 올린 뒤 2퍼트를 하면 5타가 된다. 많이 경험해봤음직한 '도식'이다. 매 홀 5타를 치면 18홀 전체로는 90타가 된다. 그러면 90타, 89타가 그리 먼 목표는 아니라는 것을 알 수 있을 것이다.

파4홀에서는 2온에 연연할 것 없다. 파5홀이라고 생각하고 편안한 마음으로 샷을 하자. 세컨드 샷을 그린 앞에 갖다놓은 뒤 쇼트어프로치로 볼을 그린에 올린다는 자세면 된다. 그리 어렵지 않을 것이다.

단, 그린에서는 2퍼트로 홀아웃해야 한다. 따라서 어프로치 샷을 한 볼이 홀에서 너무 멀리 떨어지지 않도록 하기만 하면 된다.

다음 파3홀에서 5타면 더블보기인데, 이는 웬만하면 할 수 있는 목표이다. 어떤 때는 티샷을 그린에 올려 파를 잡을 수도 있고, 최악의 경우라도 3온 2퍼트는 가능하다. 이 전략이라면 4개의 파3홀에서 목표보다 1~2타 줄일 수 있다.

파5홀이 문제이다. 보기 플레이어들에게 파5홀은 결코 만만치 않다. 목표인 파(5타) 잡기도 쉽지 않다. 그린에 오르기까지 세 번의 샷이 잘 맞아야 하는 데다, 2퍼트로 홀아웃해야 하기 때문이다.

일단 세 번 만에 볼을 그린에 올린다는 마음가짐으로 임하되 4개의 파5홀 중 두 홀에선 파를 잡고, 나머지 두 홀에선 보기(6타)를 한다고 생각하라. 목표를 1타 초과하는 보기가 나오더라도 크게 걱정할 것 없다. 그다음 좀 쉬운 홀이나 파3홀에서 1타를 줄이면 되기 때문이다.

멘탈 포커스 : **목표가 있으면 집중이 더 잘되는 법이다. '매 홀 5타'는 보기 플레이어도 달성 가능한 기대 수준이므로 자신 있게 임하는 것이 중요하다.**

03 80타대를 치려면

2004년 통계이지만, 미국 골퍼들의 18홀 평균 스코어는 남자가 95타, 여자가 106타이다. 우리 경우도 90타 벽을 깨지 못한 골퍼들이 상당수에 이를 것이다. '올해는 80타대에 들어서겠다'라고 다짐한 골퍼들은 먼저 자신의 골프 스타일부터 분석해보아야 한다.

● 그린에서 타수를 잃는 골퍼 : 퍼트가 안 되면 90타 벽을 깰 수 없다. 번번이 3퍼트를 하는데 볼을 그린에 올려놓은들 무슨 소용인가. 이런 골퍼들은 라운드당 퍼트 수를 35개 이하로 떨어뜨리는 데 주력해야 한다. 퍼트 수를 35개로 유지할 수 있다면, 18개 홀 전체에서 '정규 타수+1타'로 볼을 온그린시킨다 해도 스코어는 89(54+35)가 된다. 하루 단 1분의 퍼트 연습이 당신을 '퍼트 고수'로 만들 수 있다.

● 아이언 샷이 약한 골퍼 : 90타(핸디캡 18)를 치는 골퍼들은 한 라운드에 세 번 정도 레귤러온을 한다. 이를 네 번으로 늘리면 80타대에 진입할 수 있다. 그린 적중률을 높이는 데는 아이언 샷이 관건이다. 아이언 샷인데도 거리 욕심으로 스윙이 너무 크지 않은지, 라이나 장애물 유무, 남은 거리에 상관없이 무작정 띄워 치려고 하지 않는지 등을 점검해볼 일이다. 풀스윙 대신 손목 코킹이나 몸통 회전 여부를 더 살펴라. 또 굴려 치는 방법을 익혀두면 요긴하게 쓸 수 있다.

● 드라이버 샷이 들쭉날쭉한 골퍼 : '장타자' 소리를 듣지만, 한 라운드에 두세 차례 볼이 OB나 숲으로 날아가는 골퍼들이 있다. 이런 골퍼들은 거리 욕심을 줄이고 정확성 위주로 전략을 바꿔봄 직하다. 파에 비해 거리가 짧은 홀에서는 스푼으로 티샷을 할 수 있다. 드라이버를 치고 싶다면 그립을 조금 내려잡으면 된다. 거리는 크게 줄지 않으면서 정확성은 높아진다. 14개 홀 중 절반선인 6~7개 홀에서 볼을 페어웨이에 떨어뜨릴 수 있도록 해보자.

● 벙커에 주눅 드는 골퍼 : 벙커에 빠지면 탈출하는 데 2~3타가 소요되고 그 때문에 스코어를 망치는 골퍼들이 있다. 이런 부류에게는 두 가지 해결책이 있다. 하나는 처음부터 벙커에 들어가지 않도록 세심하게 주의

하는 것이고, 다른 하나는 벙커 샷에 대한 '특별 과외'를 받는 것이다.

　◟ 라운드 후반에 몰락하는 골퍼 : 잘 나가다가 마지막 한두 홀에서 무너져 원하는 스코어를 내지 못하는 골퍼들은 집중력을 높이는 마인드 컨트롤을 배울 필요가 있다.

04 80타대 진입을 위한 '매 홀 보기' 전략

아마추어 골퍼들이 한 홀에서 파를 하기는 쉽지 않다. 챔피언 티를 쓰든, 레귤러 티를 쓰든 파는 프로 골퍼나 상급자에게나 어울릴 법한 스코어이다.

당일 스코어를 관리하는 것이 우선이고, 안정적으로 80타대 스코어를 내는 것이 급선무라면, 아예 매 홀 보기를 목표로 전략을 세우는 것이 어떨까.

　◟ 모험을 하지 않고 안전하게 플레이한다 : 파나 버디가 눈앞에 어른거리면 모험을 하게 된다. 벙커 바로 너머에 깃대가 꽂혀 있는데도 깃대를 겨냥하며, 워터해저드나 계곡을 넘기는 데 190m 이상 날려야 하는데도 그것을 가로지르는 티샷을 한다. 그러다가 삐긋하면 어떻게 되는지는 골퍼들이 더 잘 안다.

보기를 목표로 하면 1타를 더 치더라도 안전한 길을 가게 된다. 그러면 최악이 보기이다.

　◟ 클럽 선택이 넉넉해진다 : 깃대까지는 110m. 그런데 플레이 선에 벙커가 자리 잡고 있다. 평소처럼 8번 아이언을 쳐서 볼을 홀에 붙이고 싶다.

그러나 골프 샷이 어디 뜻대로 되는가. 조금 잘못 맞은 볼은 벙커에 빠져 묻힌 라이가 된다.

그린 가운데를 겨냥하거나 한 클럽 긴 것을 잡았더라면 무난하게 파를 할 수 있었을 텐데, 더블보기로 홀아웃하고 만다. 이런 때 보기를 목표로 했다면 위험성이 있는 8번 대신 7번 아이언으로 넉넉하게 칠 것이다.

샷이 좀 길어도 보기로 막을 수 있고, 좀 짧으면 버디 찬스도 맞을 수 있다.

● **드라이버 샷 거리에 연연해하지 않는다** : 보기가 목표인데 100%의 힘을 쏟을 필요가 있겠는가. 세컨드 샷 거리가 좀 멀어지더라도 볼을 페어웨이에 떨어뜨려놓으면 다음 샷을 하기 좋아진다. 그러면 레귤러온도 노릴 수 있고, 그것이 안 되더라도 세 번째 샷을 올려 2퍼트로 마무리할 수 있다. 보기가 목표이므로 동반자가 드라이버 샷을 220m나 날려도 조바심이 나지 않는다. '나는 내 길을 간다'라는 자세가 골프에선 중요한 덕목이다.

● **파5홀 스코어가 좋아진다** : 92타를 치는 골퍼의 파5홀 평균 스코어는 7.25타라는 조사가 있다. 아마추어들은 프로들과 달리 파5홀에서 스코어를 많이 잃는다. 그것은 '많이 칠수록 실수도 많아진다'라는 아마추어 골퍼의 속성에서 비롯된다.

파5홀, 특히 거리가 450m 안팎인 짧은 홀에 다다르면 파나 버디 욕심이 생기게 마련이다. 자연히 힘이 들어가게 되고, 그러다보면 티샷이 러프에 빠지고, 세컨드 샷은 토핑이 되고……. 파5홀에서 처음부터 보기를 목표로 하면, 4온 2퍼트는 어렵지 않게 할 수 있다.

단, 그린에 올리는 네 번째 샷은 플레이 선에 벙커나 워터해저드가 없는 각도에서, 가장 좋아하는 샷으로 하도록 하면 된다.

05 80타, 70타대에 진입하려면

만년 90타대인 골퍼는 80타대 진입을 위해, 단 한 번이라도 70타대 타수를 치고 싶은 골퍼는 싱글 핸디캡 진입을 위해 자신의 골프 스타일을 부문별로 되짚어보자.

🏌 80타대에 들어서는 길

조사에 따르면 평균 스코어가 90타인 골퍼들은 스크램블링(그린미스 후 파를 세이브하는 확률)이 17%이다. 그 반면 평균 81타를 치는 골퍼들은 이 비율이 46%에 달한다. 3배 가까운 차이이다. 보기 플레이어가 80타대에 들어서려면 이 비율을 25% 정도까지 높이는 것이 급선무이다.

그린 주변에서 네 번의 샷 가운데 한 번 파로 연결하는 비율이다. 웨지 샷(쇼트게임) 연습에 더 많은 투자를 해야 한다는 결론에 다다른다. 그린 주변에서 파세이브를 높이면 퍼트 수도 35개 아래로 떨어질 것이 분명하다. 보기 플레이어들의 가장 큰 약점은 벙커 플레이이다. 그들의 샌드세이브(벙커 샷을 붙여 파를 잡는 확률)는 0%이다. 볼이 벙커에 빠지면 십중팔구 보기 이상의 스코어를 낸다는 뜻이다.

벙커 샷 연습을 할 곳이 마땅치 않은 것이 현실이지만, 연습장 매트 위에서나마 벙커 샷의 원리대로 샷을 하는 동작을 익혀볼 만하다. 보기 플레이어들은 라운드당 1.8타를 페널티로 잃는다. OB나 워터해저드, 언플레이어블 볼 등으로 2타 가까이 허비한다는 얘기이다. 거리를 더 내려고 100%+α의 힘으로 스윙하지만 않는다면 벌타를 줄일 수 있다. 보기 플레이어들의 그린 적중 홀은 18개 홀 중 3개꼴이다. 한 홀만 늘려보자. 거리가 120m 이내인 짧은 파3홀에서 집중적으로 온그린을 노리면 그리 어렵지 않다. 단, 그린 가운데를 겨냥해야 한다.

🚩 싱글 핸디캐퍼가 되는 길

골퍼 열 명 중 여덟 명은 한 번도 81타 아래 스코어를 내지 못했을 법하다. 매번 80타대 초반 스코어에서 맴돌고 마는 골퍼들은 마음먹고 벙커 샷 연습에 집중해볼 만하다. 벙커 샷 연습을 마음껏 할 수 있는 곳으로 '전지훈련'을 가거나, 레슨 프로의 도움을 받아 벙커 샷 전반을 점검해 볼 일이다. 평균 81타를 치는 골퍼들의 샌드세이브는 7%. 벙커 샷을 열 번하면 다직해야 한 번 파를 잡는다는 얘기이다. 이 비율을 20% 정도로 끌어올려놓으면 70타대에 진입하는 것은 시간문제이다.

보기 플레이어와 싱글 핸디캐퍼의 부문별 통계

부문	레귤러온 횟수	페어웨이 적중홀 수	스크램블링 (%)	샌드세이브 (%)	퍼트 수	벌타	파 수	버디 수
핸디캡 18	3	5	17	0	35	1.8	5	0
핸디캡 9	8	8	46	7	32	0.6	10	1.5

※ 한 라운드 기준, 스크램블링은 그린미스 후 파를 잡는 확률

06 18홀을 6개의 '미니 라운드'로 나누어라

대부분 골퍼들은 한 라운드를 18홀로 보고 별 전략 없이 플레이한다. 그래가지고는 18홀을 효율적으로 관리하기 힘들다. 골프는 후반으로 갈

수록 떨어지는 체력에 비례해 집중력도 약해지게 마련이다. 매 홀 집중력을 높이고 도전 의욕을 부추기는 방법은 없을까?

◟ 18홀을 6개의 미니 라운드로 나눈다 : 3개 홀을 한 단위로 묶은 뒤 단위별로 목표를 할당하고, 그것을 달성하기 위해 집중하는 것이다. 라이더컵 유럽 대표였던 퍼 울릭 요한손이 즐겨 쓰는 전략이다.

그늘집 T I P

꼭 알고 지켜야 할 에티켓

> 골프는 '신사의 스포츠'라고 한다. 친구들과의 친선 게임이든, 거래를 성사시키기 위한 비즈니스 골프든 에티켓을 지키지 않으면 그 피해는 고스란히 자신에게 돌아온다. 꼭 알고 지켜야 할 골프 에티켓 10가지를 알아본다.

▶ 순서가 오면 바로 샷을 할 수 있도록 항상 준비를 해야 한다.
▶ 동반자가 샷을 하는 동안 움직이면 안 된다.
▶ 티샷이 OB가 나면 동반자들이 모두 샷을 한 뒤 마지막으로 다시 샷을 한다.
▶ 연습 스윙을 할 때 그 장소와 시간·횟수에 주의해야 한다.
▶ 벙커 샷을 한 뒤에는 모래를 완벽하게 정리해놓아야 한다.
▶ 볼이 워터해저드에 들어가 1벌타를 받고 드롭할 경우 정확한 지점에서 한다.
▶ '투 터치'나 '어드레스 후 볼이 움직인 것' 등 사소한 것이라도 타수 계산은 확실히 해야 한다.
▶ 자신의 볼이 그린에 떨어지면서 만든 볼마크는 반드시 수리한다.
▶ 동반자가 기브(OK)를 주면 고마움을 표시한 뒤 얼른 볼을 집는다.
▶ 퍼팅그린에서는 동반자의 라인을 밟지 않으며 시선에 방해가 되지 않도록 세심한 주의를 한다.

◡ 미니 라운드의 목표 스코어를 정해야 한다 : 목표는 기량에 맞춰 잡는 게 좋다. 보기 플레이어라면 3개 홀의 목표 스코어는 3오버파, 80타대 중반 스코어를 내는 골퍼라면 2오버파, 싱글 핸디캐퍼라면 1오버파로 잡는 식이다. 요한손은 1언더파로 잡는다고 한다.

◡ 미니 라운드마다 그 목표를 향해 최선을 다한다 : 그런데 목표와 실제는 다른 경우가 많다. 그럴 땐 순발력이 필요하다. 첫 미니 라운드의 목표가 3오버파였는데 4오버파를 쳤다면 그다음 미니 라운드에서는 새로운 각오로 분발해야 한다. 그 반대로 목표를 초과 달성 한 경우엔 방심하지 말고 목표 수준을 한 단계 높여 그다음 미니 라운드에서도 상승세가 이어지도록 하는 식이다. 주말 골퍼들의 경우 라운드전 준비가 충분치 않아 첫 미니 라운드의 성적이 신통치 않을 수 있다. 따라서 첫 3개 홀에 최대한 집중하는 자세가 필요하다. 그게 아니라면 첫 미니 라운드는 목표를 4오버파로 잡고, 마지막 미니 라운드를 2오버파로 잡을 수도 있다.

멘탈 포커스 : 18홀을 6개의 미니 라운드로 나눠 플레이하면 장갑을 벗을 때까지 고른 집중력을 유지할 수 있다. 또 구간별 목표가 있기 때문에 그 달성 여부에 따라 다음 목표를 수정해 새로운 목표에 도전할 수 있다.

07 '나만의 파'를 설정해야 할 때

같은 파4홀이라도 어떤 것은 300m 이하로 짧은가 하면, 어떤 것은 400m를 넘는 것도 있다. 길이가 100m 정도 차이가 나는데도 골퍼들의 머릿속에는 파4만 입력돼 있고, 그 같은 전제에 따라 홀을 공략하곤 한다. 그러다보니 긴 홀에서 파를 기록하지 못했을 때 좌절하기도 하고, 그 여파로 나머지 홀 스코어를 망치기도 한다. 코스의 파에 연연하다 보면 즐거움 대신 중압감 속에서 플레이를 할 수밖에 없다. 기량이나 그날의 변수 등에 따른 '나만의 파'를 설정하여 홀을 공략하는 것은 현명한 판단 이다.

한 홀의 파는 스크래치 골퍼(핸디캡이 0인 골퍼)를 기준으로 정해진다. 대부분 골퍼들은 까다롭다 싶은 홀에서 파보다 많은 스코어를 기록하게 마련이다. 따라서 '나만의 파' 전략도 특정 홀의 파보다 높게 설정하는 것 이 일반적이고 현실적이다.

ㄴ **비 오거나 바람 부는 날** : 볼이 맑은 날보다 덜 나가기 때문에 길다 싶 은 홀에서는 파+1 전략을 짜는 것이 현명하다. 예컨대 길이가 370m 이상 되는 파4홀이라면 파를 5라고 생각한 뒤 3온 2퍼트를 노리는 것이다. 그 것이 무리하게 2온을 노리는 것보다 결과 면에서 나을 때가 많다.

ㄴ **핸디캡이 높은 홀** : 그 코스에서 핸디캡이 1, 2인 곳은 파에 비해 길거 나 유달리 까다로운 홀이 지정되게 마련이다. 뉴서울CC 북코스 15번 홀 (파5)이나 남서울CC 18번 홀(파4) 등을 생각해보라.

그런 홀에서는 아마추어들이 파온을 하기 어렵다. 아예 처음부터 파6 이나 파5로 여기고 클럽 선택을 하는 것이 보기 이하 스코어를 낼 수 있 는 길이다.

ㄴ **180m 이상의 파3홀** : 더더욱 그린 주위에 벙커나 워터해저드가 있다 면 처음부터 파4홀로 생각하고 레이업하여 2온 2퍼트를 노리는 것이 바 람직한 결과를 낼 수 있다.

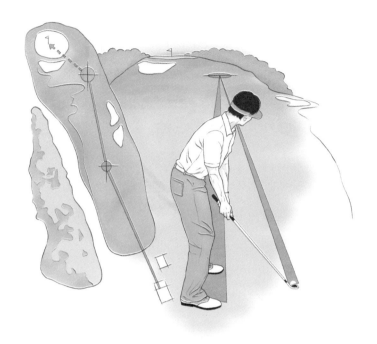

　잘 치는 아이언으로 티샷을 하여 잔디가 좋은 곳에 볼을 갖다놓은 뒤 세컨드 샷을 퍼트하기 좋은 곳에 떨어뜨리는 것이다. 그러다가 2온 1퍼트 라도 되면 기대 이상의 스코어가 아닌가.

　　　그린이 아주 넓거나 브레이크가 심할 경우 : 정규 타수에 볼을 그린에 올렸지만 퍼트 거리가 20m 정도 된다거나, 심한 내리막 퍼트여서 볼을 홀 근처에 멈추게 할 수 없을 땐 역시 파+1 전략으로 나가는 것이 4퍼트를 막는 길이다. 3퍼트로 홀아웃한다는 자세로 첫 퍼트를 구상하면 '보기'는 손쉽게 할 수 있다.

멘탈 포커스 : '개인 파'를 설정했으면 그에 맞춰 홀 공략법을 짜야 한다. '기적 같은 샷'에 대한 미련은 빨리 버리는 것이 현실적이다.

08 파5홀에선 역발상을

파5홀은 아마추어 골퍼들에게 '양날의 칼'이다. 파3, 파4홀보다 파(버디)를 잡을 수 있는 가능성이 더 큰 반면, 세 번의 샷 중 한 번이라도 삐끗하면 금세 하이 스코어가 나온다. 파5홀 스코어를 분석해보자. 파나 보기가 많은가, 더블보기 이상이 더 많은가. 후자에 속하는 골퍼들이라면 홀 공략법을 재고해보아야 한다. 보기 플레이어라도 4개의 파5홀에서 적어도 한 번은 파를 잡아야 그날 스코어 관리가 된다.

파5홀에 다다르기만 하면 헤매는 타입이라면 발상의 전환을 할 필요가 있다. 그것은 그린에서부터 역으로 홀 공략법을 짜는 것이다. 티샷을 날린 뒤 다음 샷을 구상하는 것이 아니라 '서드 샷을 어떻게 할 것인가'를 먼저 생각한 뒤 세컨드 샷, 티샷 전략을 짠다는 말이다.

🚩 서드 샷(경우에 따라선 네 번째 샷)

무조건 그린에 가깝다고 좋은 것은 아니다. 풀웨지 거리도 좋고 9번 아이언 거리도 좋으니 자신 있는 거리를 남겨라. 단 어떤 클럽을 잡든 그린 주위의 장애물은 확실하게 피할 수 있어야 한다. 자신 있는 거리를 생각했다면 그 거리를 뺀 나머지 거리를 두 번에 걸쳐 보내도록 전략을 짜면 된다.

🚩 세컨드 샷

파5홀에서 가장 중요한 샷이다. 볼의 라이나 홀 구조에 상관없이 '가장 멀리 날릴 수 있는 클럽을 잡고, 볼을 최대한 그린에 붙인다'는 것이 대부

분 골퍼들의 생각이다. 그것은 잘 맞을 경우엔 좋지만, 한편으로는 위험한 전략이기도 하다. 치기 쉬운 클럽(예컨대 5번 우드)으로 세컨드 샷을 하여 자신 있는 서드 샷 지점까지만 볼을 보낸다는 작전이 바람직하다.

🏁 티샷

'파5홀이니 패고 보자'라는 식의 티샷은 위험을 도외시한 전략이다. 아마추어 골퍼들에게는 '180m 지점 페어웨이 안착'이 '200m 지점 러프 行'보다 파를 잡는 데 더 유리하다. 티샷의 목적은 세컨드 샷을 잘할 수 있는 위치에 볼을 갖다놓는 일이다. 그렇게 되면 치명적 실수가 없는 한 3온을 할 수 있는 기회를 맞이할 수 있다. 파5홀 티샷은 보수적으로 안전하게 구사하는 것이 파(버디)에 근접하는 길이다. 그런 이유 때문에 3번우드 티샷도 권장된다.

09 파5홀에서 파 잡기

파5홀은 아마추어들에게도 '기회의 홀'인가. 반드시 그렇지 않다. 80타대 타수를 치는 골퍼들에게는 어느 정도 버디(또는 파) 기회가 있지만, 보기 플레이어들에게는 버디보다는 보기나 더블보기가 나오는 일이 더 흔하다. 왜 그럴까. 파3, 파4홀에서보다 많은 샷을 하다보면 그만큼 실수도 많아지고, 적절한 전략을 세우지 않고 임하기 때문이다.

◟ **세컨드 샷용 클럽 선택은 그린을 향해 치는 서드 샷을 염두에 두자 :**
요컨대 서드 샷을 가장 자신 있는 거리로 남기고, 그 지점까지 볼을 보낼 수 있는 클럽을 택하라는 말이다. 이를테면 세컨드 샷 지점에서 홀까지 250m가 남아 있고 본인이 좋아하는 어프로치 샷 거리는 100m라고 하자. 이 경우 세컨드 샷을 할 때 군이 스푼이 필요 없다. 실수 가능성이 높은 데다 힘껏 칠 이유도 없기 때문이다. 150m만 보낼 수 있는 클럽이면 족하다. 그리고 홀까지 100m가 남은 상태에서 서드 샷을 하는 것이다. 스푼으로 세컨드 샷을 하여 홀까지 50~80m가 남으면 이 거리야말로 아마추어들이 처리하기 어려운 상황이다.

◟ **볼을 어느 지점에 떨어뜨릴까 :** 서드 샷을 하는 지점에서 가장 쉽게 홀을 공략할 수 있는 지점이라야 한다. 예컨대 볼과 홀 사이에 벙커나 워터해저드가 없이, 탁 틔어 있는 곳이라면 최적의 지점이다. 혹시 실수해도 트러블에 빠지지 않고 굴러서 그린에 오르거나 다음 샷으로 만회할 수 있기 때문이다. 또 깃대가 벙커 너머 그린 왼쪽에 꽂혀 있다면 세컨드 샷은 페어웨이 오른쪽에 떨어뜨리는 것이 다음 샷을 쉽게 할 수 있는 길이다.

멘탈 포커스 : 파5홀에 다다르면 처음부터 골퍼 나름대로의 '목표 스코어'를 정한 뒤 그에 맞춰 전략을 수립하는 것이 목표를 달성할 수 있는 지름길이다. 파를 목표로 했는데 드라이버 샷이나 세컨드 샷이 잘 맞았다고 하여 즉석에서 목표를 버디로 수정하는 것은 바람직하지 않다.

10 짧은 파4홀 공략법

18홀 가운데는 짧은 파4홀이 한두 홀은 있다. 그 길이는 250~300m. 남서울CC 12번 홀, 레이크사이드CC 서코스 18번 홀, 스카이72CC 하늘코스 2번 홀이 그런 홀이다. 이런 홀에 다다르면 골퍼들은 긴장이 좀 풀린다. 그와 동시에 머릿속에 파나 버디가 떠오른다. 그런데 결과는 파에서 멀어지는 경우가 많다. 코스 설계가들은 홀을 무작정 짧게 만들지 않고 길이가 짧으면 다른 방법으로 난이도를 조절한다. 페어웨이를 좁게 하거나 그린 주변에 트러블을 많이 배치하는 식이다. 그린을 아주 어렵게 만들기도 한다. 대개는 1온을 견제하기 위해 그린 주변으로 갈수록 '위험지대'를 많이 둔다.

따라서 '쉽게 파를 하겠지' 하는 생각으로 접근해서는 낭패를 당할 수 있다. 여느 파4홀과는 다른 전략을 짜야 한다. 그것은 티샷용 클럽 선택에서 시작된다. 길이가 짧은 만큼 무리할 필요가 없다. '그린에 최대한 가까이 볼을 보내자'는 유혹은 뿌리쳐야 한다. 어차피 1온이 안 된다면, 멀리 날릴수록 라이가 좋지 않다면, 위험성이 큰 드라이버를 잡을 이유가 없다. 홀 전체 거리에서 자신이 좋아하는 어프로치 샷 거리를 뺀 뒤 나머지 거리만 보내면 된다. 길이가 280m이고 자신은 피칭웨지로 100m 샷을 잘 한다면 티샷은 180m를 보내면 되고, 그에 따른 클럽 선택을 하면 된다는 얘기이다.

클럽을 정했으면 티샷을 페어웨이에 떨어뜨리는 것이 중요하다. 그래야 세컨드 샷을 계획한 대로 날릴 수 있기 때문이다. 짧은 클럽으로 티샷 했어도 볼이 러프에 멈추면 2온을 단념해야 할 상황도 배제할 수 없다.

볼이 페어웨이에 안착하고 세컨드 샷도 100m 정도가 남으면 또다시 '방심'이 파고들 수 있다. 그러나 아무리 짧은 샷이라도 집중하지 않으면 볼을 그린에 올릴 수 없다는 것은 불변의 진리이다.

세컨드 샷을 무난하게 처리해 두 번 만에 볼을 그린에 올렸어도 겨우 50%를 마친 것이다. 2퍼트로 홀아웃을 해야 파를 잡을 수 있다. 마지막까지 마음을 놓지 말라는 뜻이다. 첫 퍼트 거리가 5m 이상이면 버디 시도 대신 '볼을 홀 주변에 붙여 2퍼트로 홀아웃하겠다'라는 마음가짐이 파를 잡는 지름길이다.

11 파3홀에서 파 잡기

파3홀은 '두 얼굴'을 지니고 있다. 티샷 한번 잘 맞으면 주말 골퍼들에게 귀중한 파를 선사하지만, 삐끗하는 날에는 어김없이 보기 이상의 스코어가 나온다. 그래도 아마추어 골퍼들이 비교적 손쉽게 파를 잡을 수 있는 홀이라는 점에서 '기회의 홀'임이 분명하다.

🌑 무조건 한 클럽 긴 것을 잡는다 : 서아람 등 많은 프로 골퍼들이 주장하는 논리이다. 국내 골프장의 대부분 파3홀은 벙커나 워터해저드가 그

린 앞쪽에 있다. 일단 그것을 피하려면 표시된 거리에 해당하는 클럽보다 한 클럽 긴 것을 잡는 것이 현명하다. 깃대가 그린 뒤쪽에 있다면 두 클럽까지 길게 잡는 것도 고려해보아야 한다. 긴 클럽을 잡는 것은 정확한 임팩트가 안 됐을 경우 '보험'도 된다.

◠ **안전한 곳을 겨냥한다** : 그린 오른쪽에 벙커가 있고 깃대도 벙커 쪽에 꽂혀 있다. 이 경우 욕심을 부려 곧바로 깃대를 겨냥하지 말고 그린 중앙이나 왼편을 겨냥하라는 말이다. 미국 PGA투어 프로 가운데 파3홀에서 버디 확률이 높은 편인 커크 트리플렛은 "트러블이 있을 경우 그 반대쪽으로 홀에서 5m 떨어진 지점을 겨냥하라."라고 조언한다.

◠ **긴 홀에서는 2온을 생각한다** : 골퍼들은 파3홀에 다다르면 깃대만을 노리고 클럽 선택을 하는 경향이 있다. 그러나 주말 골퍼들이 거리가 150m 이상인 데다 해저드로 둘러싸인 조그마한 그린에 볼을 올릴 확률은 낮다. 차라리 처음부터 짧은 클럽을 잡고 티샷을 그린 앞에 떨군 뒤 쇼트어프로치 샷으로 승부를 내는 '레이업' 전략이 나을 수도 있다.

◠ **중간목표를 활용한다** : 티업한 볼과 깃대를 연결하는 선상에 임의의 중간목표를 정하라는 말이다. 디보트 자국도 좋고 색깔이 다른 풀잎도 좋다. 중간 목표를 정했으면 그에 클럽페이스를 스퀘어로 맞춘 뒤 몸을 정렬해서 샷을 하면 된다. 100m 이상 거리의 깃대를 겨냥하는 것보다 1m 앞의 물체를 겨냥하는 것이 수월하고 정확성도 높다.

◠ **반드시 티업한다** : 프로나 교습가들 중 90% 이상이 강조하는 사항이다. 왜 규칙에서 허용하는 '권리(티업)'를 포기하는가. 티업한 뒤 치면 클럽과 볼의 콘택트도 좋고, 클럽과 볼 사이에 풀이 끼는 것도 최소화할 수 있다.

12 긴 파3홀에선 그린 뒤편 기준으로 클럽 선택

파3홀이 길어지는 추세이다. 신설 골프장들은 4개의 파3홀 중 하나쯤은 160m(레귤러티 기준) 이상으로 셋업한다. 솔모로CC 퍼시몬코스 1번 홀(파3·레귤러티 길이 201m)은 드라이버로 티샷을 해도 볼이 그린에 오를까 말까 한다. 비교적 긴 파3홀을 효과적으로 공략할 수 있는 길은 없을까. 미국 골프교습가 데이브 펠즈는 길이 173m(190야드)인 파3홀에서 미국 PGA투어 프로와 여러 수준의 아마추어들을 대상으로 데이터를 산출했다. 아마추어들은 173m짜리 홀에서도 드라이버 티샷을 하는 일이 드물지 않았다. 또 같은 핸디캐퍼라도 클럽 선택에서 최대 9클럽까지 차이가 났다.

프로와 아마추어의 차이

프로와 아마추어는 근본적으로 기량 차이가 있다는 것을 감안하더라도, 프로들은 볼이 그린에 오르거나, 오르지 못하더라도 거리는 거의 정확했다. 그 반면 아마추어는 티샷 대부분(약 90%)이 짧았다. 그 결과 볼이 그린에 못 오르는 것은 물론, 그린 앞 해저드에 빠지는 일이 많았다.

아마추어의 샷이 짧은 이유

아마추어의 샷이 짧은 것은 무엇보다 헤드 가운데에 볼을 정확히 맞히지 못하기 때문이다. 헤드의 토(앞 끝)나 힐(뒤 끝)에 맞아 임팩트 에너지가 100% 전달되지 못하는 것. 특히 토에 맞는 것은 임팩트존에서 클럽을 자신 있게 뿌려주지 못하고, '아웃-인' 궤도의 커트 샷이 될 때 발생한다.

아마추어들은 또 클럽을 선택할 때 그 클럽이 가장 잘 맞은 때를 기준으로 하기 때문에 샷이 짧을 수밖에 없다. 매번 잘 칠 수는 없기 때문이다. 아마추어들의 경우 잘 맞아도 볼이 홀에 못 미치는 일이 허다했다. 그들은 또 핀 위치나 그린 주변의 해저드를 고려하지 않고 오로지 깃대만 겨냥하기 때문에 조금이라도 빗맞으면 볼이 해저드에 빠지는 일이 잦다. 그러면 보기나 더블보기가 불가피해진다.

멘탈 포커스 : 샷이 짧지 않도록 하기 위해서는 깃대가 아니라 그린 뒤쪽 에지를 기준으로 클럽 선택을 하는 것이 권장된다. 드라이버를 잡아야 한다면 동반자들의 눈치 볼 것 없이 빼들어라. 그것이 퍼트 거리를 짧게 하는 길이요, 해저드에서 멀어지는 길이다. 또 깃대를 곧바로 겨냥할 것이 아니라, 그린 정중앙이나 해저드 반대편을 겨냥하는 것이 '빅 넘버'를 막는 길이다. 펠즈는 "파3홀에서는 볼을 그린에 떨어뜨리는 것이 무엇보다 중요하다."라며 "그린 적중률과 핸디캡은 반비례한다."라고 주장한다.

길이 173m 파3홀에서 클럽 선택

클럽	미국 PGA 투어 프로	아마추어(핸디캡)			
		0	10	20	30
드라이버	0	0	2	6	4
3번 우드	0	0	17	21	16
5번 우드	0	1	9	22	12
하이브리드	0	4	13	14	28
2번 아이언	0	1	1	5	4
3번 아이언	3	9	21	14	8
4번 아이언	23	22	23	6	12
5번 아이언	32	41	9	6	16
6번 아이언	17	20	2	3	0
7번 아이언	9	1	1	0	0

※ 실험 : 미국 골프 교습가 데이브 펠즈

13 핸디캡을 현재보다 반으로 낮추려면

골프는 스코어가 줄어들면 즐거움이 배가 되는 운동이다. 미국 골프 전문지 〈골프다이제스트〉는 몇 년 전 아마추어 골퍼들이 현재의 핸디캡을 반으로 낮추기 위해서 어떤 부문을 집중적으로 공략해야 할 것인지를 실험해보았다.

실험은 핸디캡이 다른 다섯 부류의 골퍼 100여 명을 대상으로 했다. 핸디캡은 36(그로스스코어 108타), 18(보기 플레이어), 9(싱글), 4.5(그로스스코어 76~77타), 0(스크래치 플레이어)으로 나눴다.

그린 적중 홀수

평균 스코어 90타 안팎인 보기 플레이어와 81타 정도인 싱글 핸디캐퍼 간 차이가 가장 많이 나는 부문이다. 보기 플레이어들은 한 라운드에 정규 타수로 그린에 볼을 올리는 홀이 3개에 불과하다. 그 반면 싱글들은 8개 홀이나 됐다. 핸디캡 한 자릿수 골퍼가 되기 위해서는 레귤러온을 할 수 있는 능력을 지금보다 3배 가까이 향상하는 것이 필수적이다.

페이웨이 안착 홀수

한 라운드 14차례의 드라이버 샷 가운데 보기 플레이어는 다섯 차례, 싱글들은 여덟 차례 볼을 페어웨이에 떨궜다. 티샷 정확도는 스코어에 큰 영향을 주는 요소가 아닌 것처럼 보인다. 그러나 대부분 고수들은 하수들보다 볼을 더 멀리 날려 짧은 클럽으로 어프로치 샷을 한다는 데 주목해야 한다.

스크램블링

정규 타수로 온그린을 하지 못한 뒤 그린 주변에서 쇼트 샷을 붙여 파를 잡는 능력을 말한다. 100타 이상 치는 골퍼들은 이 확률이 0%이고 보기 플레이어는 17%, 싱글들은 46%이다. 따라서 100타나 90타 벽을 깨려면 쇼트게임 연습을 더 해야 한다는 결론이다.

샌드 세이브

그린 옆 벙커에 빠진 볼을 파로 연결하는 능력을 일컫는다. 아마추어 골퍼들이 가장 어려워하는 부문이다. 보기 플레이어는 0%이고, 싱글들도

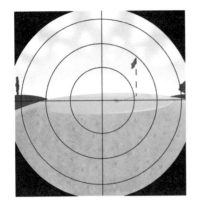

7%에 불과하다. 싱글들조차 벙커 샷을 열 번 시도하면 잘해야 한 번 꼴로 파를 잡는다는 것을 뜻한다. 벙커에서 파를 세이브하기가 얼마나 어려운지 잘 말해준다. 싱글과 스크래치 플레이어 간의 차이는 벙커 샷 기량이다.

라운드당 퍼트 수

보기 플레이어는 35회, 싱글들은 32회이다. 퍼트에서 3타가 벌어진다. 35회라면 홀당 거의 2퍼트를 했다는 얘기이다. 그린 주변 샷을 붙여 파를 잡는 횟수와 3퍼트 횟수가 비슷하다는 뜻도 된다. 또 보기 플레이어와 스크래치 플레이어는 스코어 차이가 18타 나는데, 퍼트에서 그 3분의 1인 6타 차이가 난다. 퍼트는 롱샷처럼 힘·기량이 크게 필요하지 않다. 90타 벽을 깨려면 퍼트연습에 더 많은 시간을 들여야 한다.

라운드당 파·버디 수

보기 플레이어는 5개, 싱글은 10개이다.

"오늘 파를 8~9개나 잡았는데 스코어는 90타를 넘었다."라는 얘기를 자주 듣는다. 파를 8~9개 잡으면 그날 스코어는 70타대 후반이나 80타대 초반이 돼야 정상이다. 90타대가 나온 것은 더블보기나 트리플보기가 많은, 기복 있는 플레이를 했음을 뜻한다. 파를 8개 정도 기록하는 골퍼는 전략만 잘 짜면 금세 싱글에 들어설 수 있다.

	36	18	9	4.5	스크래치	최경주
그린 적중 홀 수	0	3	8	10	12	12
페어웨이 안착 홀 수	0	5	8	10	11	9
스크램블링(%)	0	17	46	60	77	62
샌드 세이브(%)	0	0	7	31	51	58
퍼트 수	41	35	32	30	29	28.8
파·버디 수	0	5	10	12	15	–

※ 한 라운드 기준, 최경주는 2007년 평균치

14 '빅매치'를 앞두고

아마추어 골퍼들에게도 중요한 라운드가 있다. 골프동호회 연례모임, 큰 상품이 걸린 라운드, 동반자들에게 뭔가를 보여주어야 할 라운드, 또는 라이벌과의 사생결단전이 그런 예이다.

그런 '빅매치'를 앞두면 긴장하게 마련이다. 그렇지만 승부사들은 여느 라운드보다 그런 빅매치에서 진면목을 보여준다. 미국 골프매거진 멘탈 게임 컨설턴트인 리처드 쿠프 박사의 조언을 통해 빅매치 대비법을 알아본다.

◟ 라운드에 앞서 첫 3개 홀을 집중 연습한다 : 빅매치가 이뤄질 골프 코스의 첫 3개 홀을 파악한 뒤 라운드 전 연습장에서 그 3개 홀을 집중적으로 탐구한다. 첫 번째 홀에서는 드라이버 샷에 이어 어떤 샷을 할 것인가,

건강 골프 **10계명**

▶ **가능하면 걸어라** : 건강(운동)을 목적으로 필드에 나갔다면, 골프카를 멀리하고 웬만한 거리는 걸어라.

▶ **플레이 전에는 반드시 준비운동을 하라** : 첫 티오프하기 앞서 적어도 5분간은 스트레치를 하고 클럽을 든 채 천천히 스윙하는 동작으로 몸을 준비시켜라.

▶ **플레이 땐 항상 선크림을 바른다** : 생각하는 것보다 2배 정도의 밀도로 바르고 전반이 끝난 뒤 또 한 번 바른다.

▶ **티오프 전 수분을 충분히 섭취하라** : 티오프 전에는 물론 라운드 중에도 수시로 물을 마시는 것이 좋다. 9홀당 생수병 작은 것 한 개 정도의 물이 적당하다.

▶ **매일 운동하라** : 빠른 속도로, 활기차게 걷는 것과 같은 유산소 운동을 매일 30분 하고 복근을 강화하는 운동을 해주면 허리 부상의 위험이 줄어든다.

▶ **번개가 칠 것 같은 기미가 보이면 안전한 곳으로 대피하라** : 아예 코스에서 철수하는 것도 한 방법이다. 3연속 버디를 기록 중인 골퍼라도 예외는 없다.

▶ **좋은 골프화를 신어라** : 무엇보다 발에 잘 맞아야 한다. 골프화는 플레이할 때 신는 양말을 착용하고 가서 고르는 것이 좋다.

▶ **골프레슨을 받아라** : 스윙이 제대로 이뤄져야 몸이 스트레스를 덜 받는다. 스윙이 엉터리라면 몸뿐 아니라 골퍼의 마음, 궁극적으로는 스코어카드도 스트레스를 피할 수 없다.

▶ **부상 위험이 있을 땐 언플레이어블 볼을 선언하라** : 볼이 바위나 나무뿌리 옆에 멈춰 있을 경우 위험을 무릅쓰고 샷을 강행하기보다는 벌타를 감수하고 언플레이어블 볼을 택하는 것이 현명하다.

▶ **골프를 할 시간을 충분히 마련하고 삶을 즐겨라** : 스트레스와 걱정이 병을 부른다. 시즌에는 1주에 한 번 이상 골프를 하되 여유로운 마음으로 즐겁게 플레이하라. 그것이 건강하게 오래 사는 길이다.

두 번째 홀에서는 티샷용 클럽으로 어떤 것을 잡을 것인가, 세 번째 홀에서는 또 어떤 클럽으로 그린을 공략할 것인가를 이미지화한 뒤 그것을 반복 연습하는 것이다. 빅매치의 승부는 누가 기선을 잡느냐가 중요하고, 그것은 첫 3개 홀에서 결정되는 수가 많기 때문이다. 연습을 해두었기 때문에 경기가 시작되면 동반자들보다 자신 있게 임할 수 있다.

'주 무기'를 갈고닦는다 : 경기 초반 요긴하게 써먹을 수 있고, 승부처에서 자주 맞닥뜨리는 샷(go-to shot)이 무엇인지를 찾아 미리 갈고닦는다.

예컨대 녹다운 샷, 하프웨지 샷, 100m 거리의 피칭웨지 샷 등이다. 무엇이든 자신이 상대보다 잘할 수 있는 샷을 끄집어낸 뒤 경기 전 연습장에서 실제 상황처럼 조건을 설정하여 집중 연습한다.

스윙은 단순하게 한다 : 빅매치에서는 누구나 신중해지게 마련이다. 그러나 너무 신중하다보면 템포와 리듬이 달라질 수 있고 머릿속이 복잡해질 수 있다. 그러다보면 평소 좀처럼 볼 수 없는, 엉뚱한 샷이 나오기도 한다. 빅매치일수록 스윙은 단순한 게 좋다. 그래야 긴장을 떨칠 수 있다. 스윙을 '두 음절'에 마칠 수 있도록 해보자. 이를테면 '음−파', '원−투' 등이 좋은 예이다. 백스윙 때 '원'을, 다운스윙 시작 때 '투'를 되뇌는 식이다. 이는 스윙을 단순화시킨다.

15 도그 레그 홀에선

반듯하지 않고 굽은 홀이 있다. 왼쪽이나 오른쪽으로 굽어 있는가 하면, 좌우로 번갈아 굽은 홀도 있다. 거의 직각으로 꺾인 경우도 있다. 이런 홀은 그 모양이 개다리처럼 생겼다 하여 '도그 레그(dog leg) 홀'이라고 부른다. 도그 레그 홀의 공통점은 티잉그라운드에서 그린이 보이지 않는 다는 것. 따라서 그 공략법도 반듯한 홀과는 좀 다르다. 도그 레그 홀 공략의 기본은 페어웨이 곡선에 순응하는 티샷을 날려야 한다는 점이다. 이른바 '코스 따라 간다'는 티샷이다. 그래야 그린까지의 거리가 가까워지기 때문이다. 단 트러블을 넘겨 코스를 가로지르는 티샷을 할 경우엔 그 반대 전략도 필요하다.

🏁 도그 레그 라이트

레이크사이드CC 서코스 5번 홀처럼 오른쪽으로 굽어진 홀이다. 이런 곳에서 티샷은 코스 왼쪽을 겨냥한 뒤 페이드 구질로 날리는 것이 바람 직하다.

그래야 페어웨이를 넓게 이용할 수 있고, 세컨드 샷 거리가 짧아진다. 임팩트 순간 몸 왼쪽을 빨리 열어주면 페이드볼을 낼 수 있다. 단, 페이드를 내려다가 슬라이스가 나면 곧바로 위험지역에 빠지므로 주의해야 한다.

🏁 도그 레그 레프트

남서울CC 5번 홀처럼 왼쪽으로 굽은 홀이다. 이땐 드로성 구질을 구사하는 것이 효과적이다. 오른발을 뒤로 뺀 클로스 스탠스를 취하고, 몸 오른쪽을 잡아둔 상태에서 임팩트 순간 오른손이 왼손 위로 올라가 겹치도록 하면 드로볼을 낼 수 있다.

드로볼에 익숙지 않은 골퍼들은 페어웨이 가운데를 향해 스트레이트 샷을 구사하는 것이 차선책이다.

더블 도그 레그

프라자CC 타이거 코스 17번 홀처럼 페어웨이가 이중으로 굽어져 있는 경우이다. 이런 홀은 티샷 낙하지점이 제한돼 있다. 그래서 거리도 내면서 페어웨이 가운데에 떨어뜨리는 전략이 긴요하다. 무엇보다 세컨드 샷을 쉽게 할 수 있어야 한다.

90도 도그 레그

아시아나CC 서코스 7번 홀이 대표적이다. 장타자라면 트러블을 가로질러 곧바로 그린을 향해 티샷을 하는 것도 상관없다. 꺾어진 지점의 트러블을 넘길 자신이 없다면 티샷을 그린이 보이는 지점에 떨어뜨리는 것이 관건이다. 이런 홀은 대체로 세컨드 샷 거리가 짧게 남기 때문에 욕심내지 않고 페어웨이 가운데를 겨냥해도 무리 없이 그린을 공략할 수 있다. 이때는 페이드나 드로 구질보다는 목표지점을 향해 스트레이트 샷을 날리는 것이 권장된다.

16 아일랜드 그린 공략법

매년 미국 PGA투어 플레이어스챔피언십이 열리는 플로리다 주 소그래스TPC 스타디움 코스 17번 홀(파3·길이 125m)은 그린이 섬처럼 워터해저드 한가운데에 있는 것으로 유명하다. 이른바 '아일랜드 그린'인데, 골프 코스 설계가 피트 다이의 상징처럼 돼 있다. 국내에서도 우정힐스CC 13번 홀이나 안양베네스트GC 17번 홀이 그와 비슷한 형태의 그린을 갖고 있다. 또 일동레이크GC 18번 홀처럼 그린이 반도처럼 튀어나와 있는

'퍼닌슐라 그린'도 많이 만들어지는 추세이다. 그린 전체 또는 그린의 절반이 물로 둘러싸여 있는 파3홀에서는 어떤 전략을 구사해야 할까.

그린 중앙을 겨냥하라 : 2007년 플레이어스챔피언십 우승자 필 미켈슨은 "핀 위치에 상관없이 그린 중앙을 겨냥했다."라고 말했다. 아마추어 골퍼들도 비슷한 전략을 쓰는 게 유리하다. 깃대를 시야에서 지운 뒤 그린 가운데에 볼을 떨어뜨린다는 자세로 임하는 것이 무엇보다 중요하다. 퍼닌슐라 그린이라면 가운데보다 좀 더 워터해저드에서 먼 곳을 겨냥하는 것이 안전한 길이다.

머리를 임팩트 후까지 잡아두어라 : 이러한 그린에서는 조금이라도 덜 맞거나 방향이 틀어지면 볼이 물에 들어가버리고 만다. 따라서 견실한 타구를 내기 위해서는 시선을 임팩트 후까지도 볼이 있던 곳에 잡아둬야 한다. '헤드업'을 하지 말라는 얘기이다. 또 방향성을 확보하기 위한 조치

로는 볼 앞 약 50cm 지점에 큰 모래나 색깔이 다른 풀잎 등 임의의 '중간 목표'를 설정, 그것을 기준삼아 샷을 하는 것이 권장된다. 이는 헤드업을 막는 데도 도움이 된다.

○ **한 클럽 길게 잡아라** : 평상시보다 한 클럽 긴 것을 잡는 것도 바람직하다. 한 클럽이 너무 길다 싶으면 티잉 그라운드 뒤쪽에 티업하거나 그립을 0.5~1인치 짧게 잡으면 된다. 그린 주위가 습하기 때문에 볼이 건조한 날씨 때보다 멀리 날아가지 않는 데다, 스윗 스폿에 맞지 않을 경우를 대비하기 위해서이다.

○ **물을 의식하지 마라** : 해저드가 없다고 생각하고 편안하게 티샷 하라는 얘기이다. 친 볼이 물에 빠질까 걱정함으로써 스스로를 위축시킬 필요가 없는 것. 티샷이 물에 빠져도 '드롭 존'이 있다면 '보기'로 막을 수도 있고, 최악이 '더블보기' 아닌가.

17 프로들 따라해서는 得되지 않는 것들

프로 골퍼들은 아마추어 골퍼들의 본보기이다. 아마추어들은 프로들처럼 멋진 샷을 하겠다는 희망을 누구나 갖고 있다. TV나 비디오 등을 통해 프로들이 경기하는 모습을 보는 이유도 여기에 있다. 그런데 프로들을 따라 하는 것이 오히려 역효과를 낼 경우도 있다.

페어웨이 드라이버 샷

2007년 미국 LPGA투어 코닝클래식 4라운드 최종 홀(파5·길이 484m)에서 박세리에게 1타 뒤지던 모건 프레셀은 승부를 걸었다. 페어웨이에서 드라이버로 '2온'을 노린 것. 그러나 볼은 오른쪽으로 날아가버렸고 '4온 2퍼트'로 보기를 했다. '페어웨이 드라이버 샷'은 프로들에게도 성공률이 낮다. 라이가 아주 좋고, 헤드스피드가 일정 수준 이상 되었을 때만 의도한 샷이 나오기 때문이다. 아마추어 가운데 과욕이나 과시욕으로 세컨드 샷용 클럽으로 드라이버를 잡는 일이 있으나, 삼갈 일이다.

🚩 플럼 보빙

퍼트라인을 살필 때 퍼터를 수직으로 늘어뜨린 뒤 한 눈을 감고 뭔가를 보는 선수들이 있다. 캐리 웹이 대표적이다. 측량추 방식으로도 불리는 '플럼 보빙(plumb bobbing)'이다. 퍼터의 도움을 받아 홀 좌우의 미묘한 경사나 굴곡을 파악하기 위한 수단이다. 그러나 그 방식이 간단하지 않으며 효과가 입증됐다는 보고도 없다. 오히려 시간만 낭비할 뿐이라는 지적이 많다. 아마추어들은 더 말할 필요가 없다. 차라리 그 시간에 볼 뒤에서 낮은 자세로 브레이크를 파악하는 것이 낫다.

🚩 깊은 러프에서 샷

브리티시오픈이나 US오픈 코스는 러프가 깊고 억세다. 프로들은 볼이 깊은 러프에 들어가도 제 클럽으로 스윙을 한다. 그래서 클럽헤드에 손바닥만 한 잔디 뭉치가 딸려 나오기도 한다.

그러나 아마추어들은 레이업을 하는 것이 현명하다. 풀 속에 갇혀 있는 볼은 우선 맞히기가 힘들고 스윙을 하고도 볼을 못 맞히면 1타로 친다. 또 깊은 러프에서 볼을 꺼내려면 힘이 필요한데, 최경주조차 그런 곳에서는 샷이 여의치 않다고 한다.

🏳️ 마크하지 않고 홀아웃 하기

프로들 경기를 보면 첫 퍼트가 홀에서 약 50cm 지점에 멈추면 동반자의 양해를 구한 뒤 마크하지 않고 곧바로 두 번째 퍼트를 하는 일이 있다. 그러나 헤일 어윈 같은 대선수도 그러다가 실수한 적이 있다. 아마추어들은 짧은 거리라도 일단 마크를 하고, 한숨 고른 뒤 다음 퍼트를 하는 것이 실수를 막는 길이다.

18 베스트-워스트 스코어 패턴을 막으려면

골프만큼 예민한 스포츠가 있을까. 사소한 요인이나 무수한 이유 때문에 샷이 흔들려 그날 게임을 망치고, 하루(직전 라운드와 현재 라운드) 사이에도 10타, 20타가 오락가락하기도 한다. 특히 아마추어 골퍼들의 경우 '베스트 스코어'를 낸 다음 라운드에서 '워스트 스코어'를 내는 일이 곧잘 일어난다. 왜 그런가. 그 같은 몰락을 막을 수는 없을까.

🏳️ 프로 골퍼들의 스코어 편차 실태

2007년 USPGA챔피언십에서 첫날 65타로 선두에 나섰던 그래미 스톰은 둘째 날엔 11타나 많은 76타를 치며 순위가 곤두박질쳤다.

미셸 위도 같은 해 미국 LPGA투어 에비앙마스터스에서 2, 3라운드 스코어(71~84타) 편차가 13타나 됐다. 김희정은 2000년 KLPGA선수권대회 첫날 63타를 친후 둘째 날엔 80타를 쳤다. 하루 새 17타 차이다.

데이비스 러브 3세는 2006년 미국 PGA투어 플레이어스챔피언십 1라운드에서 65타를 쳐 선두에 나섰지만, 2라운드에서 83타를 치고 커트 탈락했다. 타이거 우즈와 최경주조차도 하루 9~10타의 스코어 편차를 보인 예가 있다.

'베스트–워스트 스코어' 패턴 발생 이유

자신감이 지나쳐 아드레날린이 과도하게 분비되면 그렇게 될 수 있다. 위험이나 실수를 고려하지 않고 모든 샷을 공격적으로 하다보면 예상 밖의 '하이 스코어'를 낼 수 있다. 골프는 미세한 변화에도 반응하는 스포츠라는 점도 한 이유로 꼽는다. 스윙 궤도, 몸 상태, 날씨, 동반자의 한마디, 갤러리 움직임, 플레이 속도 등 수많은 변수 중 하나라도 달라지면 스코어에 영향을 미치는 것이 골프이다. 베스트 스코어에 연연한 나머지 기대 수준이 높아질 경우에도 샷을 그르칠 수 있다. 골프는 매 샷이 '굿샷'이 되기는 힘들다. 오히려 실수를 적게 하는 사람이 승자가 되는 게임이다.

롤러코스터 스코어 예방법

무엇보다 들뜨지 말아야 한다. 전 라운드, 그리고 그날 기록한 베스트 스코어는 빨리 잊어버리는 것이 상책이다. 직전 라운드를 현재 라운드에 대입할 수는 없다. '어제는 어제이고, 오늘은 오늘'이라는 마음가짐 아래 지금 하려는 샷에만 집중하는 자세가 긴요하다.

19 양잔디에서 플레이하는 요령

양잔디는 사계절 푸르러 보기에 좋지만, 한국잔디에 익숙해져 있는 골퍼들은 그런 골프장에 처음 가면 헤매곤 한다. 그래서 스코어도 평소보다

2~5타가 더 나온다. 양잔디 코스에서도 제 스코어를 낼 수 있는 길을 알아보자.

한국잔디에서는 볼이 조금 떠 있어서 치기 쉽다. 대충 쳐도 볼은 앞으로 나간다. 그러나 양잔디는 사정이 다르다. 볼이 잔디에 달라붙은 느낌이 들 정도로 볼과 잔디 사이의 공간이 거의 없다. 이는 클럽헤드가 볼을 정확히 가격해야 원하는 샷이 나온다는 것을 의미한다. 양잔디 코스에 처음 나간 골퍼들은 초반 한두 홀에서 볼 위를 치는 토핑을 많이 낸다. 한국잔디에서처럼 쓸어 치려 하기 때문이다. 토핑이 나면, 그것을 막기 위해 볼 뒤쪽을 노리게 된다. 그러면 이번에는 뒤땅치기이다.

양잔디에서 토핑이나 뒤땅치기를 막으려면 볼을 끝까지 보고 쳐야 한다. 헤드업은 곧 실패로 이어진다. 스윙하는 동안 몸통이 움직이는 스웨이도 없어야 한다. 그린 주변에서 하는 쇼트 샷도 마찬가지이다. 웨지의 헤드가 볼 밑으로 들어갈 것 같지 않은 느낌이 들면 골퍼들은 손목으로써 '조정'을 하려 든다. 그러면 또 토핑이나 뒤땅치기가 나온다. 볼을 향해 클럽헤드를 자신 있게 내려치는 것이 무엇보다 중요하다.

양잔디로 된 휘닉스파크GC의 이강선 헤드프로는 "양잔디에서 샷은 페어웨이 벙커 샷을 연상하면 된다."라며 "클럽헤드가 조금만 볼 뒤쪽을 맞혀도 볼은 원하는 만큼 나가지 않기 때문에 볼부터 맞히는 정밀한 샷이 요구된다."라고 말한다. 그러면서 양잔디에서는 약간 '토핑성'으로 친다는 자세가 낫다고 덧붙인다. 그는 "양잔디로 된 코스에서 라운드가 예정돼 있는 골퍼들은 맨땅에서 볼을 치는 연습을 해두는 것이 바람직하다."라고 권유한다. 연습장에서 가서 매트 대신 고무판 위에 볼을 놓고 치면 볼을 정확히 가격하는 데 도움이 된다는 것이다.

멘탈 포커스 : 어떤 잔디든, '기본'이 잘돼 있는 골퍼가 스코어가 좋다는 것은 불변의 진리이다. 그런 골퍼들은 양잔디로 된 골프장에서도 자신 있게 스윙한다.

20 공격적으로 나아가야 할 때

골프, 특히 아마추어들의 골프 세계에서는 모험보다는 안전이 우선시된다. 모험을 택했다가 잘못되면 순식간에 스코어가 무너지지만, 안전을 택하면 '보기'나 '더블보기'로 막을 수 있기 때문이다. 그렇지만 때로는 공격적인 자세로 임해야 하는 상황도 있다. 어떤 경우일까.

◡ 쇼트 퍼트 : 1m 안팎의 쇼트 퍼트는 과감하게 쳐야 성공률이 높다. '브레이크'도 많이 감안할 필요가 없다. 그저 홀 중앙을 향해 세다 싶게 치는 것이 최선이다. 단 아주 급격한 내리막이라면 예외이다.

◡ 오르막 퍼트, 오르막 어프로치 샷 : 오르막 퍼트는 웬만큼 세게 쳐도 볼이 홀을 크게 벗어나지 않는다. 평지에서보다 브레이크를 덜 감안한 뒤 과감하게 스트로크하는 것이 성공의 관건이다. 왼발이 높은 오르막 어프로치 샷도 평지에서보다 볼이 덜 날아가기 때문에 공격적으로 쳐주는 것이 긴요하다.

◡ 비 올 때, 그린스피드가 느릴 때 : 비가 오면 코스 어느 곳에서든 볼이 덜 구른다. 특히 한여름 고온다습한 때는 관리상 난점 때문에 그린잔디를 짧게 깎을 수 없다. 두 경우에는 어프로치 샷이든 퍼트든 정상 컨디션일 때보다 과감하게 쳐도 무방하다.

◡ 두 클럽 사이에서 망설이다가 짧은 클럽을 잡았을 때 : 목표까지 125m가

남았는데 7, 8번 클럽을 두고 망설이다가 8번 아이언을 잡기로 했다. 이 경우 자신 있게 풀스윙을 해주는 것이 더 나은 결과를 낳는 길이다.

◔ 목표 바로 앞에 해저드나 트러블이 있을 때 : 어프로치 샷을 하는데 그린 바로 앞에 벙커나 워터해저드가 있다. 잘못 맞아 짧으면 볼이 그곳으로 들어갈 판. 이 경우 일단 클럽을 선택했으면 해저드는 잊어버리고 오직 클럽헤드와 볼의 콘택트에 집중하면서 과감한 샷을 해야 한다.

◔ 파3홀 티샷용 클럽을 고를 때 : 아니카 소렌스탐은 "아마추어들은 파5홀에서는 필요 이상으로 긴 클럽을, 파3홀에서는 짧은 클럽을 잡는 경향이 있다."라고 지적한다.

파3홀에 다다르면 골퍼들은 자만심에 사로잡혀 그 클럽으로 가장 잘 맞은 거리를 떠올리며 클럽을 고른다. 결과는 대부분 볼이 그린에 못 미친다. 낙낙히 클럽 선택을 하면 볼이 홀에 더 붙는다.

멘탈 포커스 : 자신감이 뒷받침되지 않으면 공격적인 플레이를 할 수 없다. 골프에서 자신감은 그 무엇과도 바꿀 수 없는 자산이다.

라운드 전, 라운드 중 이런 경우의 **득과 실**

골프는 민감한 스포츠이다. 컨디션이 좋을 때도 어제와 오늘 스코어가 천양지차일 수 있다. 같은 날 전·후반 스코어 차가 10타 이상 나기도 한다. 골프 스코어에 영향을 미치는 요소는 한두 가지가 아니다. 기본적으로는 '골프 실력'이 좋아야 하겠지만 라운드할 때나 라운드 전후의 상황을 잘 조절하면 2~3타는 어렵지 않게 줄일 수 있다.

▶차를 운전한 뒤 곧 플레이를 하면

골프장에 갈 때 차 속에서 잠을 자는 것보다는 운전을 하는 쪽이 도움이 된다는 의견이 우세하다. 마음의 여유가 생겨 첫 홀 티샷에서 좋은 결과를 내는 수가 많다는 것. 단 운전 시간은 한 시간 반 정도가 한계이다.

▶플레이 전에 워밍업을 안 하면

점수에 도움을 주는 면은 하나도 없다. 티오프 전 워밍업을 하지 않는 골퍼는 '골프 모독죄'에 걸려도 할 말이 없을 듯하다. 워밍업을 하지 않으면 무엇보다 부상을 당하기 쉽다. 특히 허리를 다치기 쉽다. 최소 3분은 스트레칭을 해라. 기온이 낮을 때는 5~6분 해주는 것이 바람직하다. 연습장이 있고 티오프까지 여유가 있다면 연습 볼을 치는 것도 권장된다. 이때 80%의 힘만 써라.

▶수면 부족인 상태에서 플레이를 하면

이 경우에도 골퍼들에게 플러스될 것은 아무것도 없다. 라운드 전날 최소 6시간은 자야 한다. 잠이 부족하면 근육 상태가 최악이 된다. 이에 따라 근육 경련을 일으킬 위험이 높다. 플레이 중에는 '지속력'이 떨어진다. 후반 종반에 이르면 집중력이 흐트러지며, 27홀 플레이라도 하는 날이면 최종 나인은 큰 영향을 받게 된다. 중·장년 골퍼들은 특히 기온이 높을 때 수면 부족인 상태에서 플레이하는 것은 금물이다.

▶아침식사를 안 하고 플레이를 하면

공복인 상태로 플레이하는 것은 가능하면 피하는 것이 좋다. 공복감이 심해서 신경이 날카로워질 정도라면 좋은 플레이를 기대할 수 없다.

▶오후 라운드에 앞서 점심때 술을 마시게 되면

모든 스포츠가운데 점심때 클럽하우스에서 술을 마실 수 있는 것은 골프뿐일 것이다. 술을 마신 뒤 티잉 그라운드에 오르면 기분이 느슨해져서 '회심의 샷'이 나오는 수도 있지만, 그것은 흔치 않을뿐더러 오래가지 못하고 곧 피로해진다. 플레이 중 그늘집에서 맥주를 마시는 일도 좋은 스코어와는 반대로 가는 행동이다.

▶점심을 배가 부르도록 먹으면

점심은 국수류나 샌드위치 등 소화가 잘되는 음식을 먹는 것이 좋다. 단, 80% 정도의 만족감을 느낄 정도까지만 먹는 게 좋다. 점심을 포만감을 느낄 정도로 먹으면 스윙에 영향을 주고 집중력도 떨어져서 마침내 스윙이 무너지는 경우가 많다. 전·후반 사이에, 또는 라운드와 라운드 사이에 점심을 먹는 것은 한국과 일본 정도에서나 볼·수 있는 광경이다. 미국·영국 등지에서는 대개 한 라운드를 점심 없이 계속 플레이한다. 점심은 플레이에 플러스가 되지 못한다는 얘기이다.

▶'내기 골프'를 하면

스트로크당 1,000원짜리나 점심·캐디피 내기를 하는 정도라면 플레이를 더 열심히 하라는 의미에서 권장할 만도 하다. 그러나 그런 정도의 내기라도 '압박'을 받는 타입이라면 금하는 것이 좋다.

▶연습 스윙을 여러 차례 하면

인간이 고도로 집중할 수 있는 한계치는 4~5초이다. 그 이상은 오히려 긴장이 높아져 릴랙스할 수 없게 된다. 또 긴장이 높아지면 뜻밖의 부상을 당하는 수도 있다. 연습 스윙은 1~2회로 마무리하는 것이 근육이 받아들일 수 있는 한계이다. 연습 스윙을 샷마다 5~6회 반복하는 사람이 더러 있다. 그러나 그런 식으로 나가다가는 집중력이 18홀 동안 지속되지 못하고 중도에 무너지고 만다.

'베스트 골프'로 가는

길라잡이

베스트를 다하지 않는 것은 골프에 대한 모독이다. 컨디션 · 코스 · 날씨 · 동반자 등 제반 여건이 좋아도 뜻대로 되지 않는 것이 골프이다. 하물며 최선을 다하지 않고 '대충 치는' 골프가 잘될 턱이 없다. 우리 실정에서 골프 한번 하는 데 얼마나 많은 비용과 시간이 들어가는가. 필드에 있는 4~5시간 동안 있는 힘을 다하는 것은 어쩌면 골퍼로서 당연한 의무일 것이다. 최선을 다했는데도 스코어가 뜻대로 안 나왔다면, 그것은 실력 탓이 아닐까.

01 준비하는 골퍼에게 운이 따른다

골프 비수기인 12월이 지나면 곧바로 골프 열기가 되살아난다. 날씨는 좀 춥지만, 미국 PGA투어가 1월 첫 주부터 대회를 하기 때문이다. 최경주의 승전보라도 날아올라치면 그 열기는 바깥 날씨와 상관없이 후끈 달아오른다. 그런데 프로들은 그렇더라도, 아마추어 골퍼들은 그 나름대로 다가올 본격 시즌을 대비해야 한다. 골프는 준비하지 않으면 항상 그 수준에 머무르는 법. 해마다 새 시즌을 앞두고 어떤 준비를 할 것인가.

◯ 새 시즌을 위해 겨울을 잘 보내야 한다 : 그중 으뜸은 스트레칭이나 하체 단련이다. 강욱순프로는 해마다 그맘때 설악산에 가서 등산으로 몸과 마음을 다진다. 그는 오색약수터 근처에 베이스캠프를 마련하고 하루 한 번씩 대청봉을 오른다. 다음 라운드를 위한 준비이다. 라운드가 예정돼 있으면 술을 삼가고 연습도 밀도 있게 하면서 라운드를 대비하는 것이다. 다음 해엔 아무렇게나 라운드에 임하지 않겠다는 각오가 필요한 때이다.

◯ 골프에서도 '운'은 있게 마련이다 : 4개 메이저대회에서 모두 우승한 게리 플레이어는 "골프에서 행운은 준비된 골퍼들에게 찾아온다."라고 주장한다. 가만히 앉아서 운이 오기를 기다리기보다는 적극적인 자세로 운을 자신 쪽으로 돌리라는 얘기이다. 예컨대 홀인원을 하려면 볼이 홀을 지나치게 쳐야 한다. 내년엔 파3홀 티샷용 클럽을 하나 길게 잡아보는 것이 어떨까. 굴곡진 퍼트라인에서 퍼트할 때 홀 위쪽(프로 사이드)으로 쳐야 홀인 확률이 높아진다는 것도 명심하자. 턱이 높은 벙커 샷을 할 때는 실패를 염두에 두고 몸을 움직일 준비를 하는 것도 필요하다. 벙커를 탈출

하지 못한 볼은 자신이 만든 발자국에 멈추는 일이 잦다. 볼이 벙커 턱을 맞고 벙커 쪽으로 후진하고 있을 때 재빨리 발자국을 정리(무벌타)해두는 것도 '불운'을 막는 길이다.

⏾ 갖가지 준비 중의 으뜸은 '꾸준한 퍼트 연습'이다 : 하루 5분이라도 매일 매일 퍼트 연습을 해두면 반드시 그 보답이 기다린다. 스코어에서 퍼트가 가장 큰 비중을 차지하고, 대부분의 승패는 퍼트에서 가름 난다. 큰돈이 드는 것도, 육체적 수고가 뒤따르는 것도 아니다. 마음먹기에 달려 있다.

멘탈 포커스 : 시작이 중요하다. 지금부터라도 준비하는 골퍼들은 다가오는 해를 자신의 구력에서 의미 있는 한 해로 맞이할 수 있다.

02 '3-6-15' 세 숫자를 기억하라

골프에서는 숫자가 많이 나온다. '숫자 게임'이라고 해도 지나치지 않을 정도이다. 예컨대 야드를 미터로 환산해야 할 때는 0.9를 떠올려야 하고, OB는 2벌타가 아니라 1벌타라는 것도 기억해야 한다.

또 홀의 직경이 10.8cm라는 것과 퍼트가 전체 스코어에서 차지하는 비중이 43%라는 것 정도는 상식으로 알고 있어야 한다. 그런데 골퍼들에게 정작 중요한 숫자가 있다. 스코어를 낮추는 데 꼭 필요한 것들이다. 바로 '3-6-15'이다.

🏌 3피트

아마추어 골퍼들이 퍼트를 할 때 가장 중요한 거리가 바로 3피트(약

3피트

6인치

90cm)다. 기브(OK) 범위를 갓 벗어난 90cm 거리의 퍼트를 넣느냐, 못 넣느냐에 따라 1타가 왔다 갔다 하고, 승자와 패자가 결정된다. 다른 어떤 샷이나 어떤 퍼트보다도 90cm 거리의 퍼트 연습을 많이 해야 하는 이유가 여기에 있다. 90cm 거리의 퍼트에 자신이 있으면 다른 샷을 할 때도 자신을 갖고 임할 수 있다. 예컨대 쇼트어프로치 샷이나 롱퍼트를 할 경우에 볼을 홀에서 반경 90cm 안에 넣기만 하면 되기 때문에 훨씬 느긋한 마음으로 임할 수 있는 것이다.

🚩 6인치

드라이버나 우드, 아이언 샷 등 롱게임을 할 때 6인치(약 15cm)를 기억해야 한다. 100m 이상 날아가는 샷을 할 때 멀리 있는 목표를 겨냥하고 샷을 하면 정확도가 떨어질 수밖에 없다. 그 대신 볼 앞 6인치 지점에 임의의 '중간 목표'를 설정한 뒤 그것을 겨냥하는 일이 훨씬 쉬울 것은 자명하다. 이는 정렬에 도움을 줄 뿐 아니라, 목표에 더 집중할 수 있도록 해준다.

🚩 15초

샷을 하기 전에 행하는 일련의 동작을 '프리 샷 루틴(preshot routine)'이라고 한다. ①목표를 선정하고 ②샷을 위한 준비를 하며 ③성공적인 결과를 연상하는 것으로 요약되는 이 과정을 매번 15초에 끝내라는 말이다. 프리 샷 루틴을 빨리 마치는 것도 좋지 않지만, 너무 오래 끄는 것도 바람직하지 않다. 15초 정도에 마친다면 프리 샷 루틴의 본래 목적인 긴장감을 떨쳐버리고, '어떤 샷을 할까' 하고 주저주저하는 우유부단도 막을 수 있다.

03 샷 정확도를 높이는 길

골프는 볼을 가장 치기 좋은 위치에 갖다놓은 뒤 가장 적은 타수로 홀아웃하는 게임이다. 그러려면 티샷은 페어웨이에 떨어뜨리고 어프로치 샷은 그린에 올려놓아야 하는데, 그에 필수적인 것이 바로 샷의 정확성이다. 250m에 육박하는 장타력이 있어도 볼이 해저드나 트러블에 빠지면

소용없다. 확률상 가장 좋은 스코어를 보
장해주는 샷의 정확도를 향상시키는 길을
알아본다.

○ 매 샷 목표를 정한다 : 그것도 구체적이
고 작은 타깃을 필요로 한다. 티잉 그라운
드에 서서 대충 페어웨이 복판을 겨냥하고
치지 말고, 페어웨이상의 특이 물체(색깔이
다른 잔디나 언덕 등)를 구체적으로 겨냥해서 샷을 하라는 말이다. 그린을
향해 칠 때도 마찬가지이다. 그린 전체가 아니라, 깃발이나 그린 중앙 등
으로 포커스를 좁힌다. 작은 목표를 머릿속에 그린 뒤 스윙을 하면 그렇
지 않을 때보다 샷 정확성이 높아진다.

○ 매번 드라이버 티샷을 고집하지 마라 : 4개의 파3홀을 제외한 14개 홀
티잉 그라운드에 오르기만 하면 무작정 드라이버를 빼드는 일을 재고하
라는 말이다. 드라이버는 14개의 클럽 중 볼을 가장 멀리 보낼 수 있는
반면, 정확성은 가장 떨어지는 클럽이다. 페어웨이가 좁거나 페어웨이 옆
이 해저드인 경우엔 드라이버 대신 우드나 롱아이언으로 티샷하라. 그런
뒤 다음 샷으로 승부를 거는 것이 현명하다.

○ 자신이 없을 땐 안전한 길을 택한다 : 골프에서 '기적 같은 샷'은 연중
한두 번 나올까 말까 한다. 목표를 직접 공략할 자신이 없을 땐 공격적인
샷보다는 안전한 루트를 택해 그린에 당도한 뒤 퍼트로써 승부를 내는 것
이 바람직하다.

○ 자신 있는 클럽을 갖춰둔다 : 골퍼들은 14개의 클럽 중 비교적 일관되

게 칠 수 있는 클럽이 한둘은 있게 마련이다. 만약 없으면 만들어야 한다. 그래서 결정적인 샷을 해야 할 때는 그 클럽을 쓰는 것이다. 5번 우드가 자신 있다면 첫 홀 티샷은 5번 우드로 하는 것이 스코어 관리에 효율적이다. 9번 아이언만 들면, 정확히 110m를 보낼 수 있다면, 어프로치 샷 거리를 110m로 남기도록 전략을 짜면 온그린 확률이 높아진다.

멘탈 포커스 : '정확성이 우선이냐. 거리가 우선이냐'는 닭과 달걀의 논쟁처럼 저마다 일리를 지니고 있다. 하지만 골프는 태평양이나 대서양을 향해 볼을 치는 게임이 아니다. 좋은 지점에서 적은 타수로 홀아웃하는 데는 정확성이 거리를 앞선다.

04 라운드 후 연습이 더 효율적

프로와 아마추어 골퍼 간에는 여러 가지 차이점이 있다. 연습 패턴이 다른 것도 그중 하나이다. 프로들은 라운드 전과 라운드 후에 연습하는데 반해, 아마추어들은 라운드 전 연습에만 몰두한다. 우리 골프 문화의 특성상 라운드 직후 연습장에 가기는 힘들지라도, 동반자들과 헤어지고 난 뒤 연습장에 잠깐 들르는 것은 성의만 있으면 가능한 일이다. 프로 골퍼나 골프 교습가들은 "라운드 후 연습이 더 효율적이다."라고 강조한다. 연습 패턴을 바꿔보는 것이 어떨까.

🏌 필 미켈슨의 사례

미켈슨은 라운드 전 세 시간가량 연습한다. 다른 선수에 비해 많은 양이다. 주로 직전 라운드에서 뜻대로 되지 않았던 부분을 갈고 닦는다. 물론 라운드 후에도 곧바로 골프장을 떠나지 않고 연습 그린이나 드라이빙 레인지에서 샷을 가다듬는다. 라운드가 있을 때마다 연습장에서 보내는 시간과 플레이 시간이 비슷한 셈이다.

아마추어 A씨의 사례

A씨의 핸디캡은 12, 구력은 15년이다. 평균 80대 중반 스코어를 내지만 게임이 안 풀릴 때에는 90타를 넘고, 어떤 경우는 100타에도 육박한다. 연습은 일주일에 두세 번 하는데, 주로 라운드에 임박해서 홀로 한다. 라운드 후에는 동반자들과 식사를 마치기가 무섭게 귀가해야 하므로 '연습장행'은 엄두도 못 낸다. 매번 이런 식인데, 스코어는 좀처럼 줄지 않는다. 주위에서 흔히 볼 수 있는 아마추어 골퍼의 전형이다.

멘탈 포커스 : 라운드 전 연습은 어디까지나 '도상 예행연습'이다. 드라이버·아이언·우드 샷 등 전반적인 샷에 대해 막연하게 점검하는 수준인 것. 어떤 이들은 라운드를 앞두고 찾아오는 불안감을 떨치려는 차원에서 연습장에 가기도 한다. 그 반면 라운드 후 연습은 구체적이고 피부에 와 닿는 것들로 좁혀진다. 불과 두세 시간 전의 라운드에서 나왔던 실수나 '굿샷'을 염두에 두고 하는 생생한 연습이다. 라운드에서 맘에 드는 스코어를 냈어도 한두 가지 미흡한 점은 있었을 것이다. 그것을 집중 보완하면 다음에 더 나은 플레이를 할 수 있다.

당일 라운드가 형편없었더라도, 집에 가기 전에 자신감을 회복할 수 곳이 바로 연습장이다. 라운드에서 가장 미진했던 부분이나 그립·정렬 등 기본적인 것들을 차분히 보완할 수 있는 기회이다. 라운드 전 연습이 한 시간 정도 소요된다면, 라운드 후 연습은 15~30분이면 족하다. 투자 시간 대비 효율이 더 높다면 마다할 이유가 없다.

05 구질·스타일 따라야 스코어가 보답한다

　세계적인 프로 골퍼들은 상황에 따라 공격적이거나 보수적 또는 창조적인 플레이를 할 수 있는 능력이 있다. 그런 그들이지만, 결정적인 순간에는 자신이 가장 편안하게 칠 수 있는 샷을 구사한다. 아마추어 골퍼들도 예외는 아니다. 중대 기로에서, 익숙지 않거나 연습하지 않던 샷을 구사하다가는 낭패를 당할 수 있다.

잭 니클로스의 경우

　메이저대회 18승에 빛나는 니클로스는 '20세기 최고의 골퍼'라고 해도 지나치지 않다. 그는 볼 하나를 가지고 온갖 묘기를 부릴 정도로 웬만한 샷에 능숙하다. 그런데도 결정적 순간에는 자신이 좋아하는 페이드

샷을 구사한다. 그것이 가장 편안하고 안전을 보장하는 까닭이다.

그는 또 그린에서는 볼이 슬금슬금 굴러가다가 홀에 가까스로 떨어지는 다이(die) 퍼트를 선호한다. 다이 퍼트는 그가 수없이 해왔던 스타일인데다 최대의 효과를 낼 수 있는 것이기 때문이다.

드로성 티샷

왼쪽으로 굽어진 도그 레그 홀에서는 코스를 따라가는 드로성 티샷이 유리하다. 페이드 구질인 골퍼라도 이런 홀에 다다르면 드로를 구사하려는 욕망이 생긴다. 물론 잘되면 좋겠지만, 십중팔구는 샷이 잘못돼 '빅 넘버'로 연결된다. 평상시 하던 대로 페이드로 안전하게 티샷을 해 세컨드 샷을 잘할 수 있도록 해놓는 것이 바람직하다. 그 홀이 승부 홀이라면 더 말할 나위가 없다.

그린 주변에서 굴려 치는 타입

중간에 장애물이 있는 경우를 제외하고는 그린 주변에서 굴려 치는 타입의 골퍼이다. 볼이 포대 그린 앞 라이가 좋지 않은 곳에 멈췄고, 깃대는 그린 앞쪽에 꽂혔다. 이때 자신의 평소 스타일에서 벗어나 프로들처럼 볼을 붕 띄워 치려는 샷을 시도할 경우 실패 가능성이 높다.

볼이 깃대에서 좀 멀어지더라도 평소와 같은 구질(칩샷·러닝 어프로치)로 처리하는 것이 '하이 스코어'를 막는 길이다.

평소 자신의 리듬을 깨고 치는 타입

쇼트 퍼트를 강하게 쳐 볼이 홀 뒷벽을 맞고 들어가게 하는 타입과 약하게 처 홀에 살짝 떨어지게 하는 타입이 있다. 평소 다이 퍼트를 하는 사람이 18번 홀에서 70cm 거리의 퍼트를 남기고 '홀에 미치지 않으면 들어가지 않는다'라는 말이 생각나면서 돌연 강하게 치는 일이 있다. 이런 행위도 자신의 리듬을 깨기 때문에 피해야 한다. 평소처럼 하라.

멘탈 포커스 : 자신이 가장 편안하게 처리할 수 있는 샷이야말로 긴장을 누그러뜨리고, 자신감과 성공 확률을 높이는 길이다.

06 버디 빈도로 본 골프 패턴

지난해 베스트 스코어와 워스트 스코어를 기억하는가. 또 지난 한 해 버디는 모두 몇 개나 기록했는가. 곰곰이 되돌아볼 만하다. 스코어를 관리하는 데 무엇보다 긴요한 것은 버디이다. 그 라운드에서 버디가 하나 있으면 스코어는 확 좋아진다.

스킨스 게임을 할 때도 버디가 나오면 확실한 승자가 될 수 있다. 그런데 평균 90타를 치는 골퍼들이 버디를 잡을 확률은 3라운드에 한 번꼴이다. 그만큼 버디는 귀하면서도 소중한 스코어이다. 버디를 기준으로 자신의 골프 패턴을 분석해보자.

🏴 버디 빈도가 상대적으로 낮은 타입

보기 플레이어라도 한 라운드에 한두 번은 버디 기회가 오게 마련이다. 그런데도 버디 숫자가 동반자들에 비해 적은 골퍼들은 그 기회를 살리지 못하는 부류이다. 그 귀한 버디 기회를 맞고도 소심하게 퍼트함으로써 파나 보기에 그치는 일이 허다하다. 더블보기 이상으로 크게 무너지는 일이 없는데도 게임에서 적자를 본다면 스트로크를 과감하게 하는 것이 급선무이다. 이런 골퍼들은 '일단 볼이 홀을 지나게 치고 보자'라는 결심을 해볼 만하다. 날이면 날마다 버디 기회가 오는 것이 아니지 않은가.

🏌 버디는 가뭄에 콩 나듯, 하이 스코어는 밥 먹듯 하는 타입

2~3라운드 동안 버디 근처에도 가지 못한 채 트리플보기나 쿼드루플보기가 많은 이들은 전형적인 초보 골퍼이다. 홀마다 보기 플레이를 해도 90타를 깰까 말까 한 상황에서 3오버파, 4오버파가 속출하면 스코어는 금세 100타에 가까워질 수밖에 없다. 이런 류의 골퍼들은 버디나 파보다는 처음부터 '매 홀 보기'를 목표로 플레이하는 것이 90타에 근접하는 길이다. 보기를 목표로 했는데 파 또는 버디가 나오면 그것은 보너스이다. 일단 90타 언저리에 가야, 80타대를 바라보지 않겠는가.

🏌 버디 빈도가 높으면서 트리플보기도 자주 하는 타입

이런 부류는 스코어가 들쭉날쭉하다. 기량이 비슷한 동반자에 비해 버디 빈도가 높다는 것은 장타력이 뒷받침되거나 퍼트 솜씨가 뛰어나다는 뜻이다. 그런 잠재력은 동반자들을 제압할 수 있는 소중한 자산이다. 그 반면 OB나 분실 등으로 트리플보기를 심심치 않게 하기 때문에 스코어는 90타를 넘나든다. 그 귀한 버디가 하이 스코어 때문에 빛을 잃고 만다. 이런 타입이야말로 관리가 가장 필요하다. 특히 티샷이 그렇다. 페어웨이가 좁거나, 길지 않은 파4, 파5홀에서는 드라이버를 잡지 말고 페어웨이 우드로 티샷을 해보자.

07 볼을 정확하게 치기 위한 요령

아마추어 골퍼들이 매번, 매 클럽 일관된 샷을 내는 것은 불가능에 가깝다. 하지만 노력 여하에 따라 터무니없는 샷은 막을 수 있다. 세계적 골프 교습가 중 한 사람인 부치 하먼은 "볼을 정확히 치기 위해서는 클럽이 자신에게 맞아야 하고, 스윙은 가능하면 단순하게 해야 한다." 라고 주장한다.

○ **자신만의 '셋업' 루틴을 만들어라** : 우드든 아이언이든 일단 클럽을 쥐었으면 스윙을 시작할 때까지 매번 반복할 수 있는 루틴을 몸에 배도록 해두어야 한다. 아마추어들의 오류는 몸을 먼저 정렬한 뒤 거기에 클럽헤드를 맞추는 것이다. 그러면 방향이 틀어진다. 클럽 페이스를 목표 라인과 스퀘어로 맞춘 뒤 거기에 맞게 몸을 움직여 정렬하라.

○ **머리를 고정시키지 마라** : 골프 스윙에서 가장 나쁜 것은 억지로 머리를 붙잡아두려는 것이다. 머리 고정에 신경 쓰다보면 백스윙 때 몸통 회전이 제약되고, 이는 파워풀한 릴리스를 하지 못하게 하는 원인이 된다. 백스윙 때 진행되는 동작에 따라 머리를 약간 오른쪽으로 틀어주거나, 목표 반대 방향으로 움직여주는 것이 자연스럽다.

○ **체중은 스윙 방향으로 분포시켜라** : '체중은 스윙 방향에 맞게 이동한다'라는 것은 상식. 백스윙 때는 체중은 뒷발 안쪽에 실려야 한다. 다운스윙 때는 체중은 앞발 쪽에 실려야 한다. 백스윙 때 체중이 앞발에 남거나 다운스윙 때 뒷발에 남으면 톱에서부터 클럽을 내려치려는 동작이나 뒤땅치기성 타구가 나온다.

○ **몸 움직임과 스윙을 조화시켜라** : 몸이 회전하면 그에 따라 팔도 움직

여주어야 한다. 백스윙 때 몸 회전이 멈추면 클럽을 지탱하고 있는 팔도 함께 스톱해야 한다. 다운스윙을 시작할 때는 팔도 자연스럽게 떨어지면서 클럽을 끌고 내려와야 한다. 몸은 멈췄는데도 팔은 계속 스윙(오버 스윙)하게 되면 파워가 떨어지고 타점도 일정하지 않게 된다.

◯ 엉덩이는 수평으로 회전하라 : 다운스윙 때 서둘러 몸을 펴려 하거나, 볼을 향해 골반을 내밀 때 제대로 된 샷이 안 나온다. 그렇게 되면 척추가 곧추세워져 어드레스 때와 임팩트 때의 척추 각도가 달라져버린다. 임팩트존에서 엉덩이는 지면과 평행이 된 채 돌아가야 한다. 그래서 엉덩이는 마침내 앞발 위에 와야 한다.

멘탈 포커스 : 하먼은 "볼을 견실하게 치려면 몸의 각 부분은 릴랙스돼 있어야 하고 스윙은 심플할수록 좋다."라고 말한다.

08 우즈와 소렌스탐에게 배울 점

최근 미국 LPGA투어는 판도가 바뀌었지만, 얼마 전까지만 해도 타이거 우즈와 아니카 소렌스탐은 세계 남녀 골프 부동의 1인자였다. 오랫동안 세계 남녀 골프 정상을 꿰차고 있는 두 선수에게 배울 점은 무엇인가.

다른 선수들을 압도하는 장타력

우즈는 2007시즌 미국 PGA투어에서 평균 275m(302.4야드)를 기록, 이 부문 12위를 차지했다. 소렌스탐은 같은 해 평균 거리가 234m(256.6야드)로 직전 연도에 비해 떨어졌지만 슬럼프를 겪은 것과 나이를 감안할 때

나무랄 데 없는 거리(랭킹 29위)이다. 소렌스탐은 남자 선수들과 겨룬 스킨스 게임에서 255m(280야드)를 날린 적도 있다. 두 선수는 이 같은 월등한 장타력에 힘입어 다른 선수들보다 짧은 클럽으로 어프로치 샷을 하고, 대부분 파5홀에서 2온을 노린다. 버디 기회를 그만큼 많이 만든다는 얘기이다. 아마추어들도 무슨 수를 쓰든지, 드라이버 샷 거리를 현재보다 10m 정도 늘리는 데 주력해보면 어떨까. 골프가 훨씬 쉬워진다.

🚩 출중한 리커버리 샷

이는 아마추어들이 따라 하기 힘든 부문이다. 아마추어들은 볼이 트러블에 빠지면 리커버리 샷 대신 차라리 어떻게 레이업을 할 것인지에 초점을 맞추는 편이 나을 듯하다. 레이업을 하기로 했으면 미련을 버리고, 확실히 레이업을 하는 것이다. 요컨대 다음 샷을 가장 편한 상태에서 할 수 있는 곳에 볼을 갖다놓는 것이다. 그러면 보기는 할 수 있다.

🚩 집중력

그들은 집중해야 할 때와 그렇지 않아도 될 때를 잘 안다. 특히 집중해야 할 때 온 신경을 한데 모으는 능력이 출중하다. 그래서 꼭 넣어야 할 퍼트, 꼭 필요한 샷은 대부분 해내고 만다. 2003프레지던츠컵 연장전에서 우즈가 어니 엘스와 맞붙어 몇 번의 결정적 퍼트를 성공

한 것은 대표적 사례이다. 아마추어들도 중요한 순간에는 휴대폰 소리나 동반자들의 수군거림 등을 다 무시할 정도로 집중하는 습관을 길러보자.

🏴 한결같은 프리 샷 루틴

두 선수는 우드나 아이언 샷은 물론 퍼트를 할 때도 매번 동일한 과정을 거친다. 우즈의 경우 퍼트할 땐 연습 스윙을 끝내고 볼 앞에 다가서면 '볼 뒤에 퍼터를 놓고-몸을 정렬하며-두 발을 내밀고-목표를 한 번 보고-목표를 다시 한 번 본 뒤-스트로크' 하는 동작이 1m 거리든 10m 거리든 똑같다. 잘 조종되는 로봇처럼 보일 정도이다. 아마추어들도 자신만의 루틴을 기계처럼 반복할 수 있도록 몸에 붙여놓아야 한다.

멘탈 포커스 : 두 선수의 공통점 가운데 하나만이라도 체득하면, 자신의 골프도 한 단계 업그레이드될 수 있지 않을까.

09 마스터스에서 배울 점

세계에서 골프를 가장 잘한다는 90여 명의 남자 골퍼. 그들과 아마추어의 수준 차는 '대학원생과 유치원생' 만큼이나 크지만, 그들의 일거수일투족은 골퍼들에게 교훈이 될 수 있다. 아마추어 골퍼들이 마스터스를 지켜보면서 배울 점은 무엇이 있을까.

🏴 3퍼트 최소화

오거스타내셔널GC 그린은 잔디 길이가 3.1mm인 데다 롤러로 다져놓기 때문에 빠르기로 정평 나 있다. '퍼터를 대기만 해도 볼은 저만큼 굴러 간다'라는 표현이 딱 들어맞는다. 그런 빠른 그린에서도 선수들은 한 라운드에 3퍼트를 하지 않거나, 하더라도 고작 한두 번이다. 도대체 어떻게 그럴 수 있는가. 경사와 핀 위치를 미리 파악한 뒤 오르막 퍼트를 남기도록 하는 전략을 구사하지 않는가?

🏌 볼이 나무 사이에 떨어질 때

오거스타내셔널GC는 US오픈 코스처럼 러프(second cut)를 깊게 조성하지 않지만, 하늘을 찌를 듯한 소나무들이 즐비하다. 볼이 이런 나무 사이에 멈출 때 선수들은 작은 공간을 뚫고 나가는 샷을 하거나 오른손잡이가 왼손잡이처럼 스윙을 하기도 하지만, 옆 페어웨이로 볼을 쳐내는 일이 잦다. '무모한 공략'보다 '레이업'이 낫다는 뜻이 아닐까.

🏌 프린지에서 어떤 클럽을 쓰는가

그린을 벗어난 프린지도 그린 못지않게 잘 다듬어져 있다. 그래서 그린을 5~10m 벗어난 곳에서도 퍼터를 써도 무방한 경우가 많다. 2004년, 2006년 챔피언인 필 미켈슨은 '웨지 샷의 달인'으로 평가되지만, 프린지에서 퍼터를 자주 사용했다. 그린을 조금만 벗어나도 웨지를 꺼내 드는 아마추어들이 눈여겨볼 대목이다. 14개 클럽 중 가장 치기 쉬운 것이 퍼터이다.

🏌 고집인가, 실속인가

오거스타내셔널GC의 역대 한 홀 최다 타수는 13타. 2006년에는 로코미디에이트가 최종일 12번 홀(파3)에서 10타를 쳤다. 모두 기량만 믿은 나머지, 무모한 시도 끝에 나온 하이 스코어이다. 친 볼이 물에 빠지면, 똑같은 전략으로 다음 샷을 하기보다는 클럽을 바꾸거나 레이업을 하는 식으로 변화를 주는 것이 어떨까.

218m(240야드) 파3홀의 클럽 선택

4번홀 얘기다. 아이언 티샷을 하는 장타자도 있겠지만, 하이브리드 클럽이나 페어웨이우드를 잡는 선수도 많을 것이다. 클럽 선택에는 자존심이 필요 없다. 오직 스코어를 낮추는 데 가장 필요한 클럽을 쓰면 되는 것. 자신은 우드를 잡을 때, 동반자가 쇼트아이언을 잡아도 눈 하나 깜짝하지 않는 대범함도 큰 자산이다.

루틴은 지키는가

수천 명의 갤러리(patron)가 지켜보는 메이저 대회, 그것도 최종일 우승 다툼을 하는 선수들이라면 중압감을 느끼지 않을 수 없다. 그들은 그런 상황에서도 매 샷 '루틴'을 지킨다. 아마추어들에게도 그러라고 강조한다. 긴장하거나 결과를 빨리 보려는 충동에서 평상시 하던 동작을 생략하는 것은 실패의 지름길이다.

벙커에선 탈출을 최우선 순위로 삼아라

2006년 챔피언 필 미켈슨은 최종일 1번 홀(파4)에서 통한의 트리플보기를 범했다. 드라이버 샷이 페어웨이 벙커에 빠졌는데 두 번째 샷이 벙커 턱에 맞고 도로 벙커에 멈추었다. 미켈슨이 벙커에서 탈출 각도를 생각하지 않았을 리 없다. 그런데도 볼은 턱을 넘지 못했다. 그린에 못 미치더라도, 더 안전한(로프트가 큰) 클럽을 택했어야 했다. 벙커, 특히 턱이 높은 상황에서는 일단 볼을 페어웨이로 꺼내는 데 초점을 맞춰야 할 것이다.

경사가 심한 그린에서는 오르막 퍼트 남겨야

샌디 라일은 2007년 3라운드 16번 홀(파3)에서 5퍼트 끝에 트리플보기를 했다. 그 홀은 오거스타내셔널GC에서도 경사가 심하기로 정평 난 곳이다. 홀 아래쪽에서 시도한 두 번째 퍼트가 홀을 1.8m나 지나쳐 내리막 퍼트를 남긴 것이 발단이었다. 심한 내리막을 의식한 라일의 세 번째 퍼트는 짧았고, 그 곳에서 홀아웃하기까지 2타가 더 소요된 것이다. 경사가 심한 그린에서는 오르막 퍼트로써 홀아웃해야 한다는 것을 시사한다.

볼이 워터해저드에 빠진 다음 샷은 신중하게

미겔 앙헬 히메네스는 최종일 15번 홀(파5)에서 세 번째 샷이 물에 빠지자 주저하지 않고 그 자리에서 같은 클럽으로 다음 샷을 했다. 그러나 그 볼도 똑같은 행로를 거쳐 물에 들어갔다. 일곱 번째 샷을 그린에 올린 뒤 쿼드루플보기(9타)를 하고 말았다. 처음 볼이 물에 빠진 원인이 짧아서 그랬다면, 한 클럽 길게 잡아야 하지 않았을까. 드롭도 홀에서 좀 멀어지는 한이 있어도 왼발 내리막이 아닌, 평평한 곳에 했어야 했다.

트러블 샷은 성공 확률이 70% 이상일 때만

타이거 우즈는 2007년 최종일 11번 홀(파4) 나무 옆에서 샷을 하다가 클럽을 부러뜨렸다. 부상을 당하지 않은 것이 다행일 정도였다. 우즈는 비록 파세이브를 했지만, 아마추어들은 이런 상황에서 샷을 하기 전 '이 샷의 성공 확률은?' 하고 자문해볼 필요가 있다. 많은 교습가들은 "그 확률이 적어도 70%라는 확신이 들었을 경우에만 목표를 직접 겨냥하고, 그 이하일 때는 레이업을 하라." 라고 조언한다.

그늘집 TIP

18홀 중 **스트레스**를 가장 많이 받는 홀은?

골퍼들이 18홀 라운드를 하면서 스트레스를 가장 많이 받는 홀은 어디일까. 1번 홀, 18번 홀?

허석호 프로는 "경험을 통해서 볼 때, 그리고 일본에서 혈압전문 의사와 라운드하면서 실제로 측정한 결과 두 번째 홀에서 혈압이 가장 높이 올라가는 것으로 나타났다."라고 밝혔다. 혈압이 평상시보다 갑자기 높아진다는 것은 순간적으로 스트레스를 받는다는 것이고, 이는 곧 중압감을 느낀다는 의미로 해석된다.

허석호는 지난해 일본에서 모 병원 의사와 라운드를 하면서 홀별로 혈압을 재보았다. 그 결과 다른 17개 홀보다 두 번째 홀에서 혈압이 가장 높게 측정됐다. 평상시 혈압이 120mmHg인 사람이 두 번째 홀에서는 130mmHg 이상으로 올라가는 경우가 많았다고 한다. 이는 허석호뿐 아니라 다른 골퍼들도 마찬가지였고, 프로나 아마추어 골퍼에게 모두 해당됐다. 아마추어 골퍼의 경우 준비가 덜 된 탓에 1번 홀 스코어는 비정상적으로 높게 마련이다. 예컨대 평소 90타대 스코어를 내는 골퍼들도 첫 홀에서 더블보기나 트리플보기를 하는 일이 많다. 그 경우 스트레스를 받게 되고, 그것이 다음 홀 티잉 그라운드까지 영향을 미칠 수밖에 없는 것이다. 개인차가 있겠지만 라운드를 할 때는 두 번째 홀에서 조심해야 할 듯하다.

클럽,
14개를 15개처럼 쓰기

골프 스코어는 일차적으로 골퍼 책임이지만, 클럽도 일정 몫을 한다. 골퍼가 라운드할 때 갖고 나갈 수 있는 클럽은 최대 14개이다. 클럽은 기본적으로 골퍼의 체형에 맞아야 하고, 원하는 구질을 낼 수 있어야 한다. 두 가지 요소를 충족시켰어도 막상 샷을 할 때 엉뚱한 클럽을 선택하면 굿샷이 나와도 '헛수고'에 그친다. 클럽 선택은 동반자나 캐디 눈치를 볼 것이 없다. 구질이나 클럽별 거리를 가장 잘 아는 자신이 현재 처한 상황을 정보로 삼아 하면 될 뿐이다.

01 매 시즌 초에는 클럽 구성을 점검하라

해마다 시즌을 앞두고는 골프클럽 신제품들이 많이 나온다. 저마다 '더 멀리 더 정확히 칠 수 있다'라고 광고하지만, 골퍼들은 자신에게 맞는 클럽을 골라야 그 효과를 극대화할 수 있다.

14개의 클럽은 혹 남들이 하는 대로 구성하지 않았는가, 쓰기에 어려운 클럽을 지니고 있지 않은가를 점검해볼 일이다. 미국 〈골프다이제스트〉는 아마추어 골퍼들이 기존 클럽 구성에서 탈피해 다른 클럽으로 대체해야 할 것에 대해 조언했다.

◔ **3번 아이언을 아예 빼라** : 3, 4번 아이언을 잘 다루는 아마추어들은 극소수이다. 샤프트가 긴 데다 로프트도 작아 치기 어려운 클럽을 굳이 가지고 다닐 필요가 없다. 요즘 아이언 과 우드의 장점을 결합한 '하이브리드 (유틸리티)' 클럽이 많이 나온다. 남자 골프 세계 톱랭커 짐 퓨릭도 롱아이언 대신 볼을 잘 띄워주는 하이브리드 클럽을 쓴다. 3, 4번 아이언 대신 로프트 20~25도의 하이브리드 클럽을 보충 하라.

◔ **로프트 10도 이하 드라이버도 빼라** : 로프트 13도짜리 드라이버를 써 본 적 이 있는가. 드라이버의 로프트가 작으

면 볼을 띄우기 힘들다. 사이드 스핀이 상대적으로 많이 걸려 볼이 좌우로 빗나갈 가능성도 높다. 13도짜리가 없으면 12도짜리도 좋다. 볼도 잘뜨고 거리도 늘어날 것이다.

ᗈ 60도 웨지 대신 갭웨지를 : 14개 클럽 중 로프트가 큰 60도 웨지는 라이가 아주 좋은 상황이라야 샷을 성공할 수 있다. 국내 골프장처럼 그린 주변 잔디 상태가 좋지 않은 곳에서 이 클럽을 쓰면 실패 확률이 높다. 볼을 띄워 쳐야 하는 대부분 상황에서 60도 웨지 대신 56도 안팎의 샌드 웨지로 대체할 수 있다. 60도 웨지를 빼고 차라리 갭(어프로치)웨지를 갖추는 것이 좋다.

ᗈ 체형에 비해 너무 긴 퍼터는 피한다 : 일반적 퍼터는 길이가 33, 34, 35인치이다.

미국 PGA투어 프로들이 사용하는 보통 퍼터의 평균 길이는 34인치(약 86cm)이다. 그러나 키가 작은 골퍼들은 33인치보다 더 짧은 것을 사용하는 것도 바람직하다. 키 150cm의 여성이라면 29인치짜리가 적합하다. 편안하게 퍼트 자세를 취했을 때 그립 끝이 1cm 이상 나오면 퍼터가 길다는 얘기이다. 그러면 그립 끝이 몸에 닿아 집중력을 떨어뜨린다.

ᗈ 3번 우드 대신 4번 우드가 어떨까 : 보기 플레이어가 페어웨이나 러프에서 3번 우드를 잘 치기란 쉽지 않다. 두 번 중 한 번은 제대로 맞지 않을 것이다.

샤프트가 길고, 로프트도 만만치 않기 때문이다. 3번 우드 대신 스트롱 4번 우드(길이·무게·헤드 크기 등은 4번이지만 로프트만 3번에 해당함)를 써보라. 거리는 3번 우드와 큰 차이가 없지만, 치기는 상대적으로 쉬울 것이다.

02 긴 클럽을 잡고 '2-2-2인치' 조정

6번 아이언을 잡자니 그린을 오버할 것 같고, 7번 아이언으로 치자니 짧을 것 같고……. 어프로치 샷을 앞두고 두 클럽 사이에서 망설여질 때가 있다. 교습가나 프로 골퍼들은 이 상황에 대해 저마다 조언을 해왔다. '긴 클럽을 잡고 부드럽게 스윙하라'라든가 '짧은 클럽으로 강타하라'라든가 하는 내용들이다. 미국 골프 교습가 마이크 애덤스의 주장이 새롭다. 이른바 2-2-2인치 조정을 하면 원하는 거리를 맞출 수 있다는 것이다.

◔ 두 클럽 가운데 긴 것을 잡는다 : 짧은 클럽을 잡으면 '세게 쳐야 한다'라는 생각 때문에 자신도 모르게 힘이 들어가고, 오버스윙이 될 가능성이 있기 때문이다. 긴 클럽을 잡고 이 전략을 쓰되 스윙 템포나 길이, 테크닉은 아무런 변화가 없다. 물론 어느 클럽에도 적용할 수 있다. 단, 친 볼은 낮게 날아가기 때문에 캐리(떠가는 거리)는 줄어들 수 있다는 것을 감안해야 한다.

2-2-2인치 조정은 어드레스 때 모두 마쳐야 한다. 일단 평상시와 같은 어드레스를 취한 뒤 세 가지 조정을 하면 된다. 각각의 조정은 임팩트 때 그 클럽의 로프트를 줄여, 낮고 짧게 가는 샷을 만든다.

◔ 그립을 2인치(약 5cm) 짧게 잡는다 : 이렇게 하면 긴 클럽을 선택한 데 따른 거리를 상쇄할 수 있고, 상대적으로 샤프트 강도도 높아져 낮은 궤도의 샷으로 연결된다. 그 다음 왼(앞)발을 2인치 목표 쪽으로 틀어준다. 그러면 어깨는 목표 라인과 나란하게 되고 백스윙을 짧게 해주며 체중이 왼발에 더 실린다. 이 모든 것들은 낮은 궤도의 샷을 내는 데 도움이 된다.

끝으로 평상시 그 클럽으로 샷을 할 때보다 볼을 2인치 뒤에 위치시킨다. 보통 스탠스 가운데에 볼을 놓는다면, 이 상황에서는 5cm 정도 볼을 오른발 쪽으로 이동해놓으라는 것. 이 역시 궤도는 낮지만 원하는 거리를 낼 수 있게 해준다.

03 클럽 거리에 영향을 미치는 요소들

캐디가 "깃대까지 130m 남았다."라고 말한다. 평소 7번 아이언 거리이므로 망설일 것도 없이 7번 아이언을 꺼내 들고 샷을 한다. 그런데 볼은 홀에 10m나 못 미친다. 왜 그럴까. 골퍼들이 매번 일관된 스윙을 할 수 없고 캐디의 조언이 잘못됐을 수도 있지만, 보이지 않는 변수들이 개재되었기 때문이다. 클럽의 거리에 영향을 주는 요소들을 꼽아본다.

티업 여부

같은 클럽이라도 티업을 할 경우와 티업하지 않을 경우 거리가 달라질 수 있다. 티업하고 치면 볼과 클럽헤드의 콘택트가 좋아지기 때문에 제 거리가 나게 마련이지만 그렇지 않을 경우 거리가 짧을 수 있다. 파3홀에서 7번 아이언으로 티업하고 치면 130m가 나가는데, 페어웨이나 러프에서 치면 그보다 못 나가는 일이 비일비재한 것은 그 때문이다.

코스 상태

페어웨이 상태가 좋지 않은 골프장이 있다. 또 페어웨이에 흙(모래)을 뿌려놓아 잔디 반 흙 반인 곳에서는 클럽의 제 거리가 나지 않을 수 있다. 클럽헤드와 볼 사이에 흙이 끼여 깨끗한 콘택트를 막기 때문이다.

바람

뒷바람과 앞바람은 클럽의 거리에 큰 영향을 준다. 바람이 세찬 날에는 바람 세기만 잘 파악한 뒤 클럽 선택을 해도 1~2타는 줄일 수 있다. 나뭇가지·깃발의 움직임을 보거나 풀잎을 날려 바람의 방향과 세기를 간파하면 된다.

날씨

바람 외에 온도나 습도도 거리에 영향을 준다. 기온이 높으면 볼의 탄성이 좋아져 제 거리가 나지만, 추운 날씨에서는 그 반대가 되는 것이 보통이다. 비가 오거나 안개가 낀 날에는 습기 때문에 거리가 덜 난다.

라이

볼이 놓여 있는 상태도 클럽 거리에 영향을 미친다. 볼이 잔디 위에 살포시 놓여 있으면 정확한 임팩트가 가능해 제 거리 이상이 날 것이지만, 볼이 디보트 홀이나 러프에 빠졌을 경우엔 생각보다 덜 나갈 수 있다.

그린 상태와 위치

그린이 바짝 말라 있거나 단단한 곳에서는 볼이 낙하 후 많이 구르므로 한 클럽 작은 것을 잡아야 원하는 거리를 맞출 수 있다. 그 반면 그린이 습해 볼이 낙하 후 바로 멈출 지경이라면 깃대를 곧바로 겨냥해 클럽 선택을 하는 것이 바람직하다. 또 포대 그린이라면 오르막 정도에 따라

긴 클럽을 잡아야 짧지 않게 된다. 물론 그린이 볼보다 아래쪽에 있다면 그 반대이다.

04 '인접 클럽 간 거리=10m' 선입관 벗어나라

홀까지 110m를 남기고 시도한 9번 아이언 샷이 잘 맞아 파를 기록했다. 이번에는 홀까지 120m이다. 생각할 것도 없이 8번 아이언을 들었다. 그러나 볼은 홀에 턱없이 못 미친다. 왜 그럴까. 이유는 여러 가지가 있을 수 있다. 거리 측정을 잘못했거나, 제대로 맞지 않았거나, 깃대가 뒤쪽에 꽂혔거나 등등. 그런데 이때 인접 클럽 간 거리는 반드시 10m가 아닐 수 있다는 생각은 해보지 않았는가.

골퍼들은 대개 인접 클럽(아이언) 간에는 기계적으로 10m(또는 10야드) 차이가 난다고 생각한다. 그러나 반드시 그렇지 않다. 프로 골퍼 필 미켈슨과 박지은, 그리고 일반 아마추어의 클럽별 거리를 보자.

미켈슨의 경우 3번 아이언부터 로브웨지까지를 갖추고 있는데 인접 클럽 간 거리 차는 최소 10야드(9.1m), 최대 20야드(18.2m)나 난다. 평균 14야드(12.7m)이다.

박지은은 4번 아이언부터 로브웨지까지 재보았는데 인접 클럽 간 거리 차는 최소 10야드, 최대 17야드(15.5m)이고 그 평균치는 12.2야드(11.1m)이다. 골퍼들의 생각보다 차이가 크다는 것을 알 수 있다.

쇼트게임 전문교습가인 데이브 펠즈가 미국 시카고 근교 메디나CC에서 남자 아마추어 골퍼들을 대상으로 아이언별 거리를 조사한 결과 피칭웨지부터 3번 아이언까지 인접 클럽 간 거리 차이는 최소 7야드(6.4m), 최대 16

야드(14.6m)가 났다. 평균 9.7야드(8.8m)
이다. 이 조사 역시 인접 클럽 간 거리가
일률적이지 않음을 보여준다.

프로나 아마추어나 인접 아이언 간 거
리 차이가 10m(또는 10야드)가 아닌 것은
클럽메이커 간의 편차나 골퍼들 기량 차
이에서 비롯된다.

요컨대 자신이 쓰고 있는 아이언의 클
럽별 거리와 인접 클럽 간 거리 차이를
정확히 알고 있어야 '잘 치고도 낭패를
보는 일'이 없어진다는 말이다. 클럽의
정확한 거리는 클럽 당 볼 20개를 친 뒤
가장 멀리 나간 것 5개와 짧게 나간 것
5개를 제외한 나머지 볼의 평균치를 내
면 된다. 펠즈는 거기에 하나를 덧붙인
다. 피칭웨지와 샌드웨지 외에 갭웨지나
로브웨지를 갖추라는 것이다.

보통 피칭웨지와 샌드웨지의 거리 차
이는 20~40야드(18.2~36.4m)에 달하기
때문에 그 간격을 메워주는 갭웨지나,
60야드(54.6m) 안팎에서도 풀스윙을 할
수 있는 로브웨지를 보충하는 것이 스코
어를 줄일 수 있는 길이라고 강조한다.

프로와 아마추어 골퍼의 아이언 거리

구분	필 미켈슨	박지은	아마추어
3번 아이언	230	–	176
4번 아이언	220	190	169
5번 아이언	205	178	160
6번 아이언	190	165	150
7번 아이언	175	155	139
8번 아이언	160	138	131
9번 아이언	150	128	124
피칭웨지	135	115	108
갭웨지	122	105	–
샌드웨지	110	95	72
로브웨지	90	70	–

※단위 : 야드, 2006년 9월 현재, 아마추어는 미국 남성 기준임.
자료 : 미국 〈골프다이제스트〉, 데이브 펠즈

05 페어웨이 벙커 샷을 위한 클럽 선택

드라이버 샷이 페어웨이 벙커에 들어갔다. 아무리 라이가 좋더라도 벙커에 있는 볼은 페어웨이나 얕은 러프에 있는 볼보다 치기 어려운 것이 사실. 그 벙커 샷을 그린에 올리지는 못할지언정, 그린 근처에라도 갖다 놓을 수 있는 길은 없을까.

타이거 우즈의 조언을 통해 페어웨이 벙커 샷을 잘할 수 있는 요령을 살펴본다.

⛳ 클럽 선택

우즈는 "아마추어들은 페어웨이 벙커에서 4번 아이언보다 긴 것을 잡지 마라."라고 권장한다. 로프트가 작고, 길이가 긴 클럽은 페어웨이에서도 치기 어렵기 때문이다. 비 온 뒤라든가, 단단한 모래 위에 볼이 살포시 얹혀있을 경우라면 몰라도 그 이외에는 4번 아이언보다 짧은 클럽으로 샷을 하라는 말이다.

우즈는 또 "페어웨이 벙커에서는 일반 잔디에서보다 적어도 한 클럽 길게 잡아라."라고 조언한다. 클럽헤드와 볼 사이에 모래가 들어가는 등 깨끗한 콘택트가 이뤄지기 힘든 까닭이다. 중요한 것은 벙커 턱 높이를 보고 보수적으로 클럽을 선택해야 한다는 점이다. 웨지로 탈출하기도 어려울 정도로 벙커 턱이 높은데 목표까지의 거리만 보고 클럽을 선택하는 실수를 범해서는 안 된다.

아니카 소렌스탐이나 박지은 등 유명 프로들은 이런 때 벙커 밖에서 클럽헤드를 밟아본다. 그때 샤프트의 기울기가 벙커 턱보다 높을 경우에만 그 클럽을 쓴다. 참고할 만하다.

⛳ 셋업

미끄러지지 않도록 푸팅(footing)을 단단히 하고 스윙 도중 하체 움직임을 최소화하는 것은 기본이다. 볼을 평상시보다 스탠스 뒤쪽에 위치시킨다. 그래야 클럽헤드가 볼부터 맞히는 클린 히트 가능성이 높아진다. 그립은 평상시보다 가볍게 잡는다.

이 샷은 거리를 내기 위한 스피드가 필요한데 가볍게 잡아야 스피드를 낼 수 있다. 우즈가 강조하는 것은 턱을 치켜드는 것이다. "턱을 가슴에서 떼어 들어주면 무게중심이 올라가 꼿꼿이 설 수 있고 백스윙 때 왼 어깨가 턱밑으로 들어간다."라는 것이 우즈의 주장이다. 볼에 너무 다가서면 턱을 들기 힘들다. 볼에서 조금 떨어지면 턱도 들 수 있고 플래트한 스윙 궤도로 볼을 잘 맞힐 수 있다.

우즈는 끝으로 페어웨이 벙커 샷을 할 때 있는 힘의 70%만 갖고 스윙한다고 한다. 정확한 임팩트에 치중하기 위해서이다.

06 페어웨이 벙커에선 로프트 큰 클럽으로 탈출

길이 450m의 파5홀. 잘 맞은 티샷이 페어웨이 벙커에 들어갔다. 홀까지 남은 거리는 230m이다. 대부분 골퍼들은 이때에도 볼을 최대한 그린에 근접시키려고 우드나 롱아이언을 빼든다. 그러나 제대로 맞지 않아 볼이 벙커를 벗어나지 못하거나, 벙커를 탈출하더라도 조금 나가는 데 그치는 수가 많다. 페어웨이 벙커에서는 라이가 아주 좋지 않는 한 긴 클럽을 잡지 않는 것이 바람직하다. 로프트가 큰 클럽을 잡아야 하는 이유를 알아보자.

치기가 쉽다 : 우드나 롱아이언은 아마추어 골퍼들이 페어웨이에서도 치기 힘든 클럽이다.

벙커에서는 더 말할 나위가 없다. 볼이 모래에 닿거나 묻혀 있어 제대로 맞히기 어려운 데다 스탠스도 불안하기 때문이다. 더욱 시니어 골퍼은 상대적으로 클럽헤드 스피드가 낮은 까닭에 긴 클럽으로 볼을 띄운다는 것이 생각처럼 쉽지 않다.

치기 쉽고 볼을 띄울 수 있는 클럽을 잡아라. 7번 아이언도 좋고, 피칭 웨지도 상관없다. 짧은 클럽은 볼을 정확히 맞혀 띄울 수 있는 확률이 훨씬 높다. 짧은 클럽으로 볼을 산뜻하게 탈출시킨 뒤 다음 샷으로 온그린을 노리는 것이다. 세 번째 샷 거리가 멀 수도 있으나 벙커 샷을 실패할 때보다는 훨씬 나을 것이다.

◦ **벙커 턱을 걱정하지 않아도 된다** : 페어웨이 벙커 샷을 할 때 가장 먼저 고려해야 할 것이 벙커 턱 높이이다. 아무리 스윙이 좋아도 볼이 턱을 맞으면 소용없는 일. 우드나 롱아이언은 라이가 좋지 않거나, 조금이라도 엎어 맞을 경우 볼이 턱에 걸릴 수 있다. 반면 로프트가 큰, 짧은 클럽을 사용하면 벙커 턱에 걸릴 걱정은 하지 않아도 된다.

짧은 클럽일수록 손이 볼보다 앞쪽에 위치해 볼부터 가격할 수 있는 확률도 높아진다. 아니카 소렌스탐은 페어웨이 벙커 샷을 하기에 앞서 사용하고자 하는 클럽의 헤드를 밟아 세워진 샤프트 각도를 통해 턱 탈출 여부를 가늠한다고 한다. 물론 이런 행동은 벙커 밖에서 해야 한다.

멘탈 포커스 : 타이거 우즈는 4번 아이언, 어떤 교습가는 5번 아이언보다 긴 클럽을 잡지 말라고 권한다. 아마추어들은 이보다 더 짧은 클럽을 선택하는 것이 바람직하다. 라이가 좋고 턱이 낮더라도, 6번 아이언보다 긴 클럽을 잡지 않는 것이 파세이브에 다가서는 길이다.

07 클럽은 쓰기 나름

"볼은 반드시 클럽헤드의 페이스에 맞혀야 하고, 드라이버는 티샷용으로만 써야 하나요?" 물론 아니다. "장애물 때문에 정상적인 스윙이 안 될 경우 백 핸드로 스윙하면 안 되나요?" 물론 안 될 것이 없다.

골퍼들이 게임에 지니고 나갈 수 있는 클럽은 14개로 제한되어 있지만, 클럽을 어떻게 사용하느냐에 따라 15개, 16개의 용도로 쓸 수 있다.

퍼터의 토(toe)로 스트로크하기 : 스트로크를 퍼터 페이스가 아닌, 토(헤드 앞 끝)로 하는 것이다. 퍼터 헤드를 반시계 방향으로 90도 돌려준 뒤 헤드 끝으로 쳐주면 된다. 처음엔 생소하고 볼을 맞히기 힘들지 모르나, 몇 번 연습하면 누구나 할 수 있다.

페이스로 치는 것보다 직진성이 좋기 때문에 볼이 그린을 갓 벗어난 러프나 프린지에 있을 때, 그린 스피드가 느릴 때 유용하다. 나상욱 프로는 "이 방식으로 퍼트 연습을 하면 집중력이 높아진다."라고 조언한다.

백핸드로 치기 : 볼이 큰 나무 옆에 멈추었다. 나무가 걸려 목표를 향해 제 손으로 스윙하기 어려운 상황이다. 이 경우 두 가지 방법이 있다. 하나는 뒤돌아서서 '백핸드'로 치거나, 오른손잡이라면 왼손잡이처럼 서서 클럽을 반대로 잡고 스윙하는 일이다.

아마추어들에게는 앞 방법이 더 쉽다. 피칭웨지나 8, 9번 아이언으로 연습하면 어렵지 않게 50m 정도까지는 보낼 수 있다. 언플레이어블 볼을 선언하는 것보다 결과 면에서 낫다.

3번 우드로 퍼트하기 : '스푼'은 파4나 파5홀 전용 클럽이 아니다. 볼이 프린지나 그린을 조금 벗어난 러프에 멈출 경우 3번 우드를 짧게 잡고 퍼트하듯 치면 효과적이다. 타이거 우즈가 가끔 시도하는 방법이다.

볼을 퍼트로 처리하고 싶은데 홀까지 거리가 멀거나 러프가 걸릴 듯한 상황에서 쓸모가 있다. 연습을 통해 거리감을 익혀둔 뒤 실전에서 써먹어야 한다.

◯ 페어웨이에서 드라이버 치기 : 드라이버는 티샷용 클럽만은 아니다. 페어웨이나 러프에서도 사용할 수 있다. 물론 볼이 티업되지 않고, 클럽이 긴 데다, 로프트도 작기 때문에 치기가 쉽지는 않다.

그러나 홀까지 200m 이상이 남은 상태에서 볼이 잔디 위에 사뿐히 올려 있거나 왼발이 약간 오르막일 때는 드라이버를 잡고 싶은 충동이 일 때가 있다. 콜린 몽고메리는 "이때 백스윙을 천천히 길게 완전히 해준 뒤 서두르지 않고 리듬을 지켜 다운스윙에 들어가야 한다."라고 충고한다. 대개 친 볼은 겨냥한 곳보다 오른쪽으로 간다.

08 그라파이트 샤프트냐, 스틸 샤프트냐

그라파이트 샤프트는 스틸 샤프트에 비해 무게가 가볍다. 또 길이도 스틸보다 길게 나오는 것이 보통이고 탄성이 좋기 때문에 클럽헤드의 속도와 거리를 증대시키는 데 도움이 된다.

대체로 그라파이트는 스틸보다 6~12야드의 거리가 더 나간다고 한다. 다만, 가볍기 때문에 많은 골퍼들은 그라파이트를 사용할 경우 더 강하게 스윙을 하면 거리가 더 날 것으로 생각하지만 그렇지는 않다.

그라파이트와 스틸 샤프트 중 어느 것이 자신에게 맞는지는 시행착오를 거쳐 알아내는 수밖에 없다. 그라파이트는 부드럽고 충격 흡수력도 뛰어나며 가볍지만, 가격은 스틸보다 비싸다. 그라파이트는 샷 감각과 거리를 향상시키는 반면, 스틸은 샷의 일관성 면에서 뛰어난 성능을 지니고 있다. 스틸의 단점은 몸에 무리를 줄 수 있다는 점. 임팩트 때 충격을 흡수하는 정도가 낮으므로 특히 기온이 낮을 땐 팔과 손에 충격을 느낄 수 있다.

가볍고도 컨트롤이 좋은 샤프트를 원한다면 경량 스틸 샤프트 구입을 고려해볼 만하다. 그라파이트보다 약간 무겁지만 가격은 싸다.

원하는 샷과 그에 따른 샤프트의 특징

원하는 샷	샤프트 특징	주의할 점
더 멀리	더 가볍거나 유연한 샤프트	방향이 엉뚱해질 수 있다
더 곧게	더 무겁거나 단단한 샤프트	거리가 짧아진다
더 높게	킥포인트가 낮은 샤프트	거리가 짧아진다
더 낮게	킥포인트가 높은 샤프트	샷이 나뭇가지에 걸릴 수 있다

우드는 그라파이트 샤프트가 대세를 이룬다. 아이언의 경우 초·중급자들은 그라파이트 샤프트가 적당하다.

거리보다는 샷의 일관성을 추구하는 상급자들이나 파워가 좋은 골퍼들은 스틸이나 경량 스틸 제품이 권장된다. 정확성이 생명인 웨지류는 스틸(경량 스틸) 제품이 대부분이다.

한편 원하는 샷에 따라 샤프트 선택을 달리할 수도 있다. '더 멀리'를 원하면 가볍고 유연한 샤프트를 써야 하고 '더 곧게'를 원하면 무겁거나 단단한 샤프트를 써야 한다. '더 높게'를 원하면 킥포인트가 낮은 샤프트가 적당하며, '더 낮게'를 원하면 하이 킥포인트 샤프트를 쓰는 것이 바람직하다.

미국인 47세 골퍼의 7번 아이언 거리는
129m(142야드)

7번 아이언 샷 거리가 얼마나 되는가? 150야드(136.5m)? 160야드(145.6m)? 장타자라면 170야드(154.7m) 이상 나가는 수도 있을 것이다. 그러나 아마추어들의 거리는 상당수가 '과장'이라는 것이 증명됐다.

미국 〈골프다이제스트〉는 최근 미국 코네티컷 주 옥스포드에 있는 그린스골프클럽에서 28명의 골퍼들을 대상으로 조사 및 실험을 해보았다. 먼저 '7번 아이언 샷 거리가 얼마나 나가는가?'를 묻고 실제 그들에게 다섯 번의 샷을 하게 한 뒤 그 평균치와 비교를 해보았다. 28명의 평균나이는 47세이고, 평균 핸디캡은 15.9(그로스스코어 87.9타 수준)로 우리의 일반적인 '주말 골퍼'들과 큰 차이가 없었다.

조사 및 실험 결과 그들이 자진 신고한 7번 아이언 샷 거리는 148.9야드(135.5m)였다. 그러나 실제 치게 한 뒤 재본 결과 7번 아이언 샷 평균거리는 141.9야드(129m)에 지나지 않았다. 골퍼 자신이 생각한 것보다 7야드(6.4m)나 덜 나간 것.

〈골프다이제스트〉의 실험 결과는 아마추어 골퍼들이 자신의 클럽별 거리를 과신하고 있다는 것을 입증한다. 따라서 클럽을 선택할 때도 생각한 것보다 거의 한 클럽 길게 잡는 것이 볼을 목표에 근접시키는 길임을 시사한다.

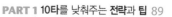

PART 2
골프
스코어의
비밀

생생

쇼트게임

골퍼들 중 '드라이브는 쇼, 퍼트는 돈'이라는 말을 들어보지 않은 사람이 있을까. 드라이버나 우드, 아이언 샷은 잘 맞으면 기분은 좋지만 스코어와 직결되지는 않는다. 그린 주변에서 하는 쇼트게임이야말로 한 샷 한 샷이 스코어를 좌우한다. 그래서 그린 주변을 '스코어링 존'이라고 한다. 쇼트게임은 롱게임을 할 때와 같은 힘이 필요하지 않다. 오로지 골퍼 스스로의 의지만 있으면 얼마든지 '장타'도 날릴 수 있는 것. 결국 쇼트게임을 잘하는 자가 최후에 웃는다.

01 3타를 2타로 줄일 수 있는 길

이른바 보기 플레이어들은 한 라운드에 파를 4~5개 한다. 파 1~2개만 더 잡아도 80타대에 들어설 수 있지만, 그 문턱을 넘지 못하고 번번이 90타대 스코어를 기록한다. 그렇다면 파를 지금보다 1~2개 더 잡을 수 있는 길은 어디에서 찾아야 할까. 바로 쇼트게임이다.

쇼트게임이 열쇠

보기 플레이어들은 정규 타수에 볼을 그린에 올리는 횟수가 18개 홀 중 3개 홀 안팎이다. 나머지 15개 홀 정도는 그린 주변에서 쇼트 어프로치 샷으로 볼을 그린에 올려야 하는 것. 그런데 바로 이 쇼트게임에서 볼을 홀에 얼마나 붙이느냐에 따라 파와 보기가 가름 난다.

쇼트게임은 롱게임이나 리커버리 샷, 트러블 샷 등에 비해 아마추어 골퍼들이 비교적 손쉽게 처리할 수 있는 부문인데도 실제 그 결과를 보면 너무 쉽게 보기를 하곤 한다. 보기 플레이어들이 그린을 놓친 후 파를 잡을 수 있는 확률은 20%가 채 안 된다. 다섯 번 시도해서 한 번 파를 잡을까 말까 하다. 왜 그런가. 크게 두 가지로 분석할 수 있다.

하나는 클럽 선택 잘못이요, 다른 하나는 뒤땅치기나 토핑 등의 실수 탓이다. 스코어는 90을 넘는데도 그린 주변에서 상습으로 로프트가 큰 샌드웨지나 로브웨지 등을 들고 볼을 띄워 치려는 골퍼들이 많다. 로프트가 큰 클럽일수록 정확히 맞히지 않으면 성공 확률이 낮다. 볼과 홀 사이에 장애물이 없거나, 볼에서 그린 가장자리의 거리보다 그린 가장자리에서 홀까지의 거리가 멀다면 피칭웨지나 쇼트아이언으로 굴려 치는 것이 볼을 홀에 더 붙일 수 있는 길이다. 또 볼을 높이 띄우는 피치 샷이나 로브 샷이 아니라면, 샷을 할 때 가능하면 손목을 구부리지 않아야 실수를 막을 수 있다. 특히 칩샷을 할 때 볼을 일부러 띄우려고 손목을 구부리면 뒤땅치기나 토핑이 나오고 그러면 파는 물 건너가고 만다.

멘탈 포커스 : 골프는 누가 적은 타수를 기록하느냐는 게임이다. 3타를 2타로 줄일 수 있는 사람이 승자가 된다. 쇼트게임은 아마추어들이 스코어를 가장 손쉽게 줄일 수 있는 분야이다. 쇼트게임에 집중해야 하는 이유가 바로 여기에 있다.

02 칩샷 시 클럽별 '캐리 : 롤' 비율

아마추어 골퍼들이 그린 주변에서 가장 많이 해야 하는 것이 바로 칩샷이다. 칩샷은 클럽 선택 못지않게 볼이 처음 낙하하는 지점을 잘 선정하는 것이 중요하다. 그래야 그 지점을 기준으로 어떤 클럽을 쓸지 결정할 수 있기 때문이다. 따라서 평소 각 클럽의 캐리(떠가는 거리)와 롤(낙하 후 굴러 가는 거리)의 비율을 잘 파악해두는 것이 무엇보다 긴요하다.

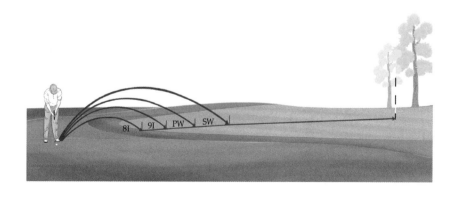

🚩 전제 조건

볼 위치나 라이, 골퍼에 따라 다를 수 있겠지만 그린 주변 평지에서 일반적 칩샷을 한다는 전제 아래 따져본다. 체중은 왼발 쪽에 많이 두고, 양손은 볼보다 앞쪽에서 스윙을 리드하며, 클럽헤드가 내려오는 단계에서 클럽헤드가 볼과 접촉하는 것이다.

🚩 샌드웨지를 사용할 경우

샌드웨지는 캐리와 롤의 비율을 1대 1로 보면 무난하다.

예컨대 볼에서 홀까지의 거리가 10m일 경우 샌드웨지 칩샷을 한다면 5m 전방에 볼을 떨어뜨리면 나머지 5m는 저절로 굴러 가 홀에 다다른다는 말이다.

🚩 피칭웨지의 캐리와 롤의 비율

1대 2로 보면 된다. 떠가는 거리보다 굴러 가는 거리가 두 배 더 많다. 위의 예라면 볼에서 3.5m 지점에 볼을 떨어뜨려 나머지 7m 정도는 굴러 가게 하는 식이다.

🚩 그 밖의 클럽

9번 아이언이 1대 3, 8번 아이언이 1대 4, 7번 아이언이 1대 5, 6번 아이언이 1대 6 정도이다.

6번 아이언으로 칩샷을 할 경우 볼에서 홀의 전체 거리 가운데 약 14%에 해당하는 거리만큼만 띄우면 나머지 86%의 거리는 굴러 가게 되는 것이다.

거리 가늠은 발걸음으로

발걸음으로 하는 것이 편리하고 정확하다. 볼에서 예상 낙하지점까지 걸음 수를 재고, 그곳에서 홀까지 걸음 수를 세어 보기만 하면 된다. 예컨대 볼에서 최초 낙하지점까지 네 걸음, 낙하지점에서 홀까지가 열여섯 걸음이라면 캐리와 롤의 비율은 1대 4이고, 8번 아이언을 고르는 식이다.

일반적 칩샷 시 클럽별 '캐리 : 롤' 비율

클럽	샌드웨지	피칭웨지	9번 아이언	8번 아이언	7번 아이언	6번 아이언
캐리	1	1	1	1	1	1
롤	1	2	3	4	5	6

03 칩샷 때 깃대 꽂아두면 홀인 확률 33% 높아

어프로치 샷을 한 볼이 그린을 조금 벗어난 지점에 멈춰 짧은 칩샷이나 피치 샷을 해야 할 판이다. 이때 '깃대를 꽂아둘 것인가, 뺄 것인가'로 고민해본 경험이 있을 것이다. 어떻게 하는 것이 유리할까.

깃대를 꽂아두라는 주장

NASA(미국 항공우주국) 과학자 출신의 쇼트게임 전문교습가 데이브 펠즈와 프로 골퍼 프레드 커플스가 대표적이다. 펠즈는 과학적인 실험으로 쇼트게임을 분석하는 것으로 정평이 나 있다.

펠즈는 이 상황에서 어떻게 하는 것이 더 효과가 있는지를 알아보기 위해 스윙 로봇으로 수천 회의 샷을 해보았다.

그 결과 깃대를 꽂아둘 때가 뺄 때보다 볼이 홀인 되는 확률이 33% 나 높았다. 그 이유는 볼이 적절한 세기로 굴러갈 때는 물론 좀 세게 가더라도 깃대에 부딪치면 홀인이 되거나 홀 주변에 멈출 가능성이 높기 때문이다.

내리막 라이에서도 깃대를 꽂아두는 편이 더 효과가 있다. 또 깃대의 굵기가 예전보다 가늘어지는 추세이기 때문에 볼이 깃대를 맞고 홀로 떨어질 공간도 그만큼 넓어졌다는 것이다. 펠즈는 "단 깃대가 골퍼 쪽으로 매우 기울어져 있는 경우는 예외적으로 빼고 쳐라."라고 말한다. 커플스는 "깃대를 빼고 칠 경우 볼의 스피드가 완벽하지 않으면 홀인 될 가능성이 아주 낮다."라고 주장한다.

🚩 깃대를 빼라는 주장

타이거 우즈와 강욱순 프로는 이 경우 대체로 깃대를 뺀 뒤 샷을 한다. 우즈는 이에 대해 특별한 이유를 밝히지 않지만, 강욱순은 "짧은 샷이기 때문에 퍼트할 때처럼 곧바로 홀에 넣으려고 집중하기 위해 깃대를 뺀다."라고 설명한다.

멘탈 포커스 : 어떻게 할 것인지는 골퍼 각자의 취향에 달려 있지만 골프는 '막연한 믿음' 보다는 '과학적 근거'가 우선이 아닐까. 골프 규칙상 이 상황은 깃대를 꽂아도, 빼도 상관 없다. 꽂아둘 경우라면 캐디나 다른 사람이 깃대 옆에 있도록 해서는 안 된다. 캐디에게 깃대를 잡으라고 했다가 친 볼이 캐디나 깃대·깃발에 맞으면 2벌타를 받게 된다. 깃대를 빼려면 홀에서 먼 곳에 두는 것이 안전하다. 볼이 빼놓은 깃대에 맞아도 친 골퍼에게 2벌 타가 부과된다.

04 그린사이드, 칩샷이냐 퍼트냐

어프로치 샷을 한 볼이 그린을 조금 벗어난 지점에 멈추었다. 이때 어떤 샷을 시도할 것인지로 고민해보지 않은 골퍼는 없을 것이다. 골프 격언에 '최악의 퍼트라도 최선의 칩샷 못지않은 결과를 낸다'라는 말이 있는가 하면, 프로 골퍼들의 경기를 보면 이 경우 상당수가 웨지를 꺼내 들고 샷을 한다. 아마추어 골퍼들로서는 헷갈릴 만도 하다.

미국 〈골프다이제스트〉는 핸디캡이 각각 다른 300명의 골퍼들을 대상으로 미국 파인허스트CC 노스코스에서 직접 실험을 해보았다. 볼에서 홀까지의 거리는 10.8m, 볼에서 그린 가장자리까지의 거리는 1.8m였다. 결과는 칩샷과 퍼트로 처리한 볼이 홀 주변 반경 90cm 내에 머무를 확률로 따졌다. 실험 결과 골퍼들의 기량에 상관없이 퍼트를 하는 것이 칩샷을 하는 것보다 볼이 홀에 붙을 확률이 높았다. 기량이 가장 출중한(핸디캡이 가장 낮은) 핸디캡 0~5의 골퍼들은 친 볼이 홀 주변 90cm 내에 붙을 확률이 칩샷은 49%, 퍼트는 59%였다. 퍼트로 할 때가 칩샷으로 처리할 때보다 볼이 홀에 붙을 확률이 10%포인트나 높게 나온 것이다. 칩샷과 퍼트의 차이는 핸디캡이 높아질수록 더 크게 나타났다. 요컨대 초보자일수록 퍼트로 하는 것이 더 유리하다는 결론이다.

골프에서 자존심은 결과에 악영향을 끼칠 때가 더 많다. 비슷한 상황에서 동반자가 웨지를 잡는다고 하여 자신도 따라갈 것은 없다. 볼이 잔디에 묻혀 있거나, 볼에서 그린 가장자리까지의 거리가 멀거나, 볼에서 홀에 이르는 길목이 울퉁불퉁하거나 할 경우 등을 제외하고는 퍼트와 칩샷으로 망설여지는 상황이 오면 주저할 것 없이 퍼트를 선택해야 한다.

핸디캡	0~5	5~10	10~15	15~20	20~
칩샷	49%	39%	32%	35%	23%
퍼트	59%	51%	49%	39%	31%

※볼~홀 : 10.8m, 볼~그린 : 1.8m

05 그린 프린지에서

　어프로치 샷을 한 볼이 그린을 갓 벗어난 프린지에 멈췄을 때 '칩샷이냐, 퍼트냐'로 고민해보지 않은 골퍼는 없을 것이다. 망설여지는 것은 클럽을 14개 모두 쓸 수 있고, 그다지 큰 힘이 필요하지 않으므로 다양한 스윙을 할 수 있으며, 볼 위치에 따라 쓸어 치거나 내려치는 동작을 할 수 있기 때문이다. 프로들이나 골프 교습가들은 이 상황에서 어떻게 해야 할지 다양한 조언을 한다. 쇼트게임 교습의 1인자인 데이브 펠즈는 볼이 프린지에 있거나 그린 가장자리에서 세 걸음 안짝 거리에 있는 상황에서 그 나름대로의 원칙을 갖고 있으면 의사결정이 쉬워진다고 주장한다.

　◡ 다른 조건이 같을 때 '단순한 것'이 더 좋다 : 가장 작은 동작으로 볼을 홀에 갖다 붙일 수 있는 길을 찾는다. 퍼트가 칩샷보다 단순한 동작임은 두말할 나위가 없다.

　◡ '보고-느끼고-실행하기'의 순서를 지켜라 : 시도해야 할 샷을 정했으면 그 샷을 머릿속에 그려보고, 그 샷에 대한 감을 잡을 때까지 연습 스윙을 한 뒤 약 8초 내에 볼을 친다.

◡ 볼에서 홀의 거리가 15m(50피트)가 안 되면 퍼트로 하라 : 볼에서 홀까지 비교적 평평해서 퍼터로 처리해도 별 이상이 없을 듯하면 퍼트를 한다.

◡ 볼에서 홀의 거리가 15m가 넘더라도 가능하면 퍼터로 처리하라 : 거리가 좀 멀지만 역시 평이한 상황이라면 퍼터로 치는 것이 좋다. 단, 거리가 있으므로 칩샷을 할 때처럼 약간의 체중 이동을 하고 손목을 조금 꺾어주는 것이 좋다.

◡ 칩샷을 하기로 했고 낙하지점이 평평하다면 로프트가 작은 클럽을 써라 : 칩샷을 하려 하는데 그린이 평평해서 친 대로 굴러 갈 듯한 상황일 때는 가능하면 로프트가 작은 클럽을 써서 볼을 굴린다. 이때 최초 낙하지점은 그린 에지에서 1m 떨어진 곳(그린 위)이 되고, 그곳에서 홀까지는 볼이 굴러 가도록 한다.

◡ 칩샷을 하기로 했는데, 낙하지점의 굴곡이 심할 경우엔 띄워 친다 : 그린의 경사나 브레이크가 심할 경우엔 볼을 띄워 쳐 홀 주변에 떨어지도록 해야 한다. '떠가는 거리'를 최대화하고, '굴러 가는 거리'를 최소화하라는 얘기이다. 칩샷을 하더라도 로프트가 큰 클럽을 쓰고, 어떤 경우는 피치 샷이나 로브 샷 성으로 치라는 말이다.

06 프린지에서 퍼트는 그린에서보다 세게 쳐라

볼이 그린에 오르지 못하고 프린지에 멈췄다. 그곳은 그린을 갓 벗어난 지점으로서 잔디가 짧아 퍼터를 써도 상관없는 상태이다. 쇼트게임의 고수 톰 왓슨은 이런 상황에서 "최선의 칩샷보다 최악의 퍼트가 낫다."라고 했다. 그래서 퍼터를 사용한다. 이른바 '텍사스 웨지'이다.

퍼터를 쓰기로 했어도 문제는 남는다. 어느 정도의 세기로 칠 것인가 하는 점이다. 그린이라면 평소 하던 대로 거리를 재서 퍼트하면 되는데, 그린 밖에선 어느 정도로 쳐야 할지 망설여지게 마련이다.

세 가지 전제가 있다. ①같은 거리의 그린에서 퍼트할 때보다 세게 쳐야 한다. ②텍사스 웨지가 실패하는 원인의 대부분은 방향보다는 거리가 못 미치기 때문이라는 점을 알아야 한다. ③볼에서 그린에 이르는 플레이 선의 잔디가 길면 퍼터 외의 클럽으로 어프로치 샷을 하는 것을 고려해야 한다. 일단 퍼터를 사용하기로 했다면 스트로크를 얼마의 세기로 할 것인지는 두 가지 기준이 있다.

임형진 박사의 제안

물리학자 출신으로 라이를 자유자재로 조절할 수 있는 퍼터를 개발한 임형진 박사가 제안한 내용이다. 볼에서 그린까지의 거리를 한 번 더 더해주어 그 거리에 맞는 세기로 퍼트하는 것이다. 그러면 거리 면에서 큰 착오가 없다는 것이다. 예컨대 볼에서 그린까지가 1m, 그린 가장자리에서 홀까지가 8m라면 총 10m(1m+1m+8m)의 거리에 맞는 세기로 퍼트하는 것이다. 다른 예를 들어보면 볼에서 그린까지가 2m이고 그린 가장자리에서 홀까지가 3m라면 총 7m(2m+2m+3m)에 해당하는 세기로 퍼트하는 식이다.

왓슨의 제안

'생각보다 세게 쳐라'라는 것이다. 계량적인 개념은 아니지만, 세다 싶을 정도로 치라는 말이다. 그는 "일단 보통 퍼트하듯 자세를 취한 뒤 임팩트 존에서는 퍼터를 더 가속시킨다는 마음가짐이 바람직하다."라며 "가장 중요한 것은 볼이 퍼터헤드를 떠난 뒤까지도 머리를 들지 않아야 한다는 점이다."라고 강조한다.

멘탈 포커스 : 이 경우 깃대를 그대로 두고 치든, 뽑고 치든 상관없다. 실험에 따르면 깃대를 꽂고 치는 편이 홀인 확률이 높다. 깃대를 꽂아두고, 친 볼이 깃대를 맞힌 뒤 홀로 들어가도록 한다는 생각으로 친다면 짧아서 후회하는 일은 없을 것이다.

07 겨울철 그린 주변 플레이 요령

우리 골퍼들은 겨울철에도 웬만하면 골프를 한다. 그런데 '겨울 골프는 운칠기삼(運七技三)'이라는 말처럼 겨울철엔 제 스코어를 내지 못하는 수가 많다. 몸과 땅이 얼어 있기 때문이다. 겨울 골프는 특히 그린 주변에서 어떻게 플레이하느냐에 따라 몇 타가 왔다 갔다 한다. 겨울철 그린 주변에서 플레이하는 요령을 알아보자.

어프로치 샷

친 볼이 처음 낙하하는 지점은 그린이어서는 안 된다. 볼이 그린에 떨어지면 튕겨서 넘어가버리기 때문이다. 볼이 그린 앞 1~5m 지점에 떨어진 뒤 굴러서 그린에 올라가도록 하는 것이 현명하다. 볼과 깃대 사이에 장애물이 있어서 어쩔 수 없이 그린을 향해 샷을 해야 할 경우라도, 온그 린을 못할지언정 장애물이 없는 쪽으로 우회하는 편이 나을 때가 많다. 단, 깃대가 그린 뒤쪽에 있는 상태에서 짧은 어프로치 샷을 할 경우에는 그린에 떨어뜨려도 볼이 그린을 벗어나지 않는 수가 있다. 쇼트 어프로치 샷은 피칭웨지나 8, 9번 아이언으로 낮게 굴리는 것이 불가측성을 최소 화하는 길이다.

그린사이드 벙커 샷

그린이 얼 정도면 벙커 모래도 딱딱하게 마련이므로 볼 뒤를 치는 '폭 발 샷'이 제대로 안 된다. 이럴 경우엔 칩샷을 할 때처럼 클럽헤드가 볼부 터 먼저 맞히도록 하는 것이 효율적이다.

벙커 턱이 낮다면 퍼터로 처리하는 것도 염두에 두어야 한다. 퍼터로 치는 것은 가장 쉽기 때문에 세기 조절만 잘 하면 1퍼트 거리에 붙일 수 도 있다. 턱이 높아서 칩샷이나 퍼터로 처리하기 힘들 경우엔 목표 반대 쪽이라도, 턱이 낮은 쪽으로 볼을 꺼내는 수밖에 없다. 무엇보다 중요한 것은 처음부터 벙커에 들어가지 않도록 최대한 주의하는 일이다.

퍼트

어프로치 샷을 한 볼이 통통 튀니까 그린이 빠를 것으로 생각하는 것 은 오산이다. 겨울철 그린은 의외로 잘 구르지 않는다. 이른 아침에는 습 기를 먹어 느리고, 낮에도 관리상 잔디를 짧게 깎을 수 없기 때문에 상대 적으로 느리다. 따라서 퍼트할 때는 평상시와 같은 스피드나, 좀 세다 싶 게 스트로크해주어야 낭패를 보지 않는다.

멘탈 포커스 : 겨울철 골프에서 욕심은 금물이다. 정규 타수에 1타 더한 타수로 볼을 그 린에 올린다고 생각하면 웬만하면 보기, 경우에 따라선 파를 세이브할 수 있다.

그늘집 TIP

내기 골프의 **금도**

> '내기 골프'에도 금도(襟度)가 있다. 내기를 걸지 않았을 때는 그냥 넘어갈 수 있는 사소한 문제도 내기를 걸었을 때는 동반자들끼리 얼굴을 붉히는 상 황이 초래될 수 있기 때문이다. 미국 〈골프다이제스트〉는 내기 골프를 할 때 지키고 유념해야 할 사항을 소개했다.

▶ 현금이 없으면 내기하지 마라 : 당연한 얘기이다. 지갑을 라커룸에 놓고 왔거나 지갑에 돈이 조금밖에 없어 도중에 빌려야 할 상황이 우 려될 때도 내기를 하지 않는 것이 바람직하다.

▶ 라운드 전에 약속한 '베팅액'을 지켜라 : 대개 후반으로 갈수록 내기 액수가 커지곤 한다. 그러나 가능하면 처음 약속한 베팅 금액을 마지 막 홀까지 지키는 것이 깔끔하면서도 혹시 있을지도 모르는 '불상사' 를 막는 길이다.

▶ '기브' 여부는 신중하게 판단하라 : 퍼트 거리가 30cm 이내로 기브 (OK) 거리이면 주저하지 말고 상대방에게 기브를 주어라. 그러나 거리 에 상관없이 라인이 까다로워 상대방이 조금이라도 실수할 확률이 있 는 상황이라면 기브를 함부로 주지 말아야 한다.

▶ 동전을 꺼내지 마라 : 거의 볼 수 없는 일이지만 혹시라도 동전으로 지불하지 말라는 얘기이다. 1만 원을 지불하는데 1,000원짜리 열 장을 내거나, 10만 원이 넘는 고액수표를 꺼내는 것도 볼썽사납다.

08 칩샷 낙하지점 어떻게 정할까

90타 안팎을 치는 보기 플레이어들이 한 라운드에 정규 타수로 볼을 그린에 올리는 홀은 3개 정도라고 한다. 그렇다면 나머지 15개 홀은 그린 주위에서 쇼트 어프로치 샷(주로 칩샷)을 해야 한다는 얘기이다. 요컨대 짧은 어프로치 샷을 잘하면 그만큼 스코어가 향상될 수 있다는 말과 같다. 쇼트 어프로치 샷은 볼의 최초 낙하지점을 잘 선정하는 것이 클럽 선택 못지않게 중요하다. 최초 낙하지점이 어디냐에 따라 클럽 선택이 달라질 수도 있다.

어니 엘스의 조언

엘스는 '그린 주변에서는 가능하면 굴려 쳐라'라는 말에 동의하지 않는다고 했다. 러닝 어프로치 샷은 볼이 굴러 가는 도중에 브레이크를 만나면 원하는 대로 가지 않을 수도 있다는 것이다. 엘스는 "친 볼이 큰 브레이크 없이 홀까지 굴러 갈 수 있는 곳까지는 캐리로 보내야 한다."라고 주장한다. 그러러면 로프트가 큰 클럽을 사용, 굴곡진 그린을 넘겨 샷을 해야 하는데 이때 최초 낙하지점을 어디로 정하는가에 따라 1퍼트냐 2퍼트냐가 가름된다는 것이다.

엘스는 먼저 최초 낙하지점은 그린 위의 평평한 지점이어야 한다고 강조한다. 볼을 평평한 곳에 떨구면 경사진 곳에 떨구는 것보다 브레이크를 덜 먹고 비교적 원하는 라인으로 볼이 굴러 간다는 것이다. 또 낙하 후 홀까지 굴러 가면서 브레이크의 영향을 가장 작게 받는 곳이 최초 낙하지점이 돼야 한다고 말한다. 예컨대 볼에서 홀까지 10m이고 볼 앞 5m 지점은 둔덕, 7m 지점부터는 평지라면 볼을 7m 지점에 떨어뜨려야 한다는 것. 그런 전략을 짰으면 7m는 떠가고 나머지 3m는 굴러 가게 하는 클럽(예컨대 샌드·로브웨지)을 선택하거나 구질(예컨대 피치·로브 샷)을 구사하면 된다. 엘스의 전략은, 무작정 좋아하는 클럽을 빼든 뒤 그에 맞춰 낙하지점을 선정하는 일반적 행태와는 다르다.

멘탈 포커스 : 최초 낙하지점을 정하고 클럽을 선택했으면 그때부터는 온 신경을 그 곳에 집중해야 한다. 홀은 '안중'에서 배제하라는 얘기이다. 볼을 그 지점에 떨어뜨리기만 하면 반은 성공한 것이나 다름없다.

09 경사지 칩샷

어프로치 샷한 볼이 그린에 오르지 못했다. 그린이 페어웨이보다 높거나 낮을 경우 라이가 썩 좋지 않은 수가 많다. 볼이 놓인 곳이 경사지여서 스윙 자세를 잡기가 어색하다. 그러나 이런 상황에서도 기본적인 칩샷 동작을 고수하면 큰 어려움 없이 샷을 할 수 있다. 단, 체중 분포와 볼 위치는 경사에 따라 조정해주어야 한다. 체중 분포의 원칙은 중력과 반대 방향 쪽에 더 많이 실어주어야 한다는 점이다. 볼 위치는 클럽헤드가 스윙의 최저점에 이르는 곳에 두어야 한다. 네 가지 상황으로 나눠본다.

🏴 오르막(uphill) 라이

왼발이 오른발보다 높은 상황. 볼은 스탠스 앞쪽에 놓고 체중도 스윙 내내 왼발 쪽에 더 많이 두어야 한다. 오르막이므로 로프트가 증가하는 효과를 상쇄하기 위해 한 클럽 긴 것을 잡는 것이 권장된다. 볼이 목표 왼쪽으로 가는 경향이 있으므로 어드레스 때 클럽페이스는 약간 열어주는 것이 바람직하다.

🚩 내리막(downhill) 라이

왼발이 오른발보다 낮은 상황. 그린이 볼보다 아래쪽에 있다는 말이다. 볼과 체중을 스탠스 뒤쪽에 위치시켜야 한다. 손이 앞, 볼이 뒤쪽에 있는 '핸드 퍼스트' 자세가 되므로 클럽의 로프트는 줄어들게 마련. 따라서 한 클럽 짧은 것(예컨대 9번 대신 피칭웨지)을 잡는다. 뒤땅치기를 막기 위해 어깨를 약간 오픈한 뒤 경사를 따라 '아웃-인' 궤도로 스윙해준다.

🚩 발끝 내리막(ball bellow feet) 라이

볼이 두 발보다 낮은 곳에 위치해 있는 상황. 볼이 골퍼로부터 멀어졌기 때문에 그립 끝을 잡아 클럽이 볼까지 닿을 수 있도록 해야 한다. 무릎을 많이 구부리고 체중은 발뒤꿈치 쪽에 더 두어야 균형 있는 자세가 된다. 볼은 경사를 따라 오른쪽으로 가는 경향이 있으므로 클럽페이스를 조금 닫은 채로 어드레스를 하면 볼은 목표를 향해 날아간다.

🚩 발끝 오르막(ball above feet) 라이

볼이 두 발보다 높은 곳에 있는 상황. 볼이 평지에서보다 가까워졌기 때문에 그립을 짧게 잡는다. 좀 뻣뻣하게 선 자세를 취한 뒤 발가락 쪽에 체중을 실어 뒤로 넘어지지 않도록 해야 한다. 볼은 왼쪽으로 가는 경향이 있으므로 어드레스 때 클럽페이스를 좀 열어주는 것이 바람직하다.

10 웨지를 잘 다루는 요령

웨지를 몇 개나 가지고 있으며, 그것들을 얼마나 잘 다루는가. 웨지는 클럽의 길이가 짧은 데다 시도하는 샷의 거리도 짧아 낮잡아보기 일쑤이나, 결코 그래서는 안 된다. 웨지는 한 샷 한 샷이 곧바로 스코어와 직결되기 때문이다.

＿ 70%의 힘으로 스윙한다. 웨지는 거리보다 정확성을 요구하는 '스코어링 클럽'임을 명심하라.

＿ 스윙 내내 팔은 부드럽게 유지한다. 어깨가 회전하는 데 따라 팔도 함께 움직여야 하는데, 이때 팔에 힘을 가하지 말고 공중에 매달린 밧줄처럼 자유롭게 움직이도록 해야 한다.

＿ 그린사이드 벙커 샷은 클럽페이스를 오픈한 뒤 왼팔(오른손잡이의 경우)로써 모래를 깃대를 향해 던진다는 이미지를 가진다. 벙커 샷은 팔 위주의 스윙을 해야 하며 서두르지 않는 일관된 스윙 템포가 요구된다.

＿ 그립은 부드럽게, 가능하면 느슨하게 잡는다. 클럽을 던질 수 있을 만큼의 힘이면 족하다.

＿ 러프에서는 풀 길이가 길수록 그립의 강도도 세어져야 한다. 더불어 볼 위치도 풀 길이에 비례해 뒤(오른발)쪽에 두어야 한다.

＿ 어깨는 지면의 경사와 나란하게 한다. 오르막·내리막 라이든, 사이드힐 라이든 어깨는 경사진 지면과 평행을 이루는 것이 바람직하다.

＿ 볼이 잔디에 갇혀 있을수록 어드레스 때 볼 위치는 뒤로 가야 한다. 볼이 1cm 잠겨 있으면 볼 위치는 평상시보다 1~2cm 뒤로 가는 식이다.

◦ 라이가 타이트하거나 볼이 디보트 홀에 빠져 있을 경우도 볼을 평상 시보다 5~7cm 뒤로 위치시킨다. 그러면 다운스윙 때 클럽헤드가 급경사로 내려오면서 볼을 잘 쳐낼 수 있다.

◦ 팔을 부드럽게 하면 할수록 클럽헤드가 볼을 잘 때리게 된다. '웨지 샷의 고수'가 되려는 골퍼들은 팔 힘을 빼는 데 주력해보자.

◦ 모든 웨지 샷을 할 때 오른발은 지면에 고착시킨다. 단, 임팩트 직후 살짝 떨어지는 정도는 괜찮다. 웨지 스윙은 팔과 상체 위주의 스윙이기 때문이다.

멘탈 포커스 : 우드나 아이언도 그렇지만, 웨지로 스윙할 때는 힘을 주지 말아야 한다. 웨지는 '느낌'으로 스윙하는 클럽이다.

11 물·벙커로 에워싸인 80m 샷

볼에서 홀까지는 약 80m로 웨지 거리이다. 플레이 선에 워터해저드가 있고, 그린 앞뒤에는 벙커가 도사리고 있다. 버디가 어른거리지만, 결코 만만한 상황은 아니다. 미국 100대 골프교습가 중 한 사람인 앤 케인은 이때 스스로 네 가지 질문을 해본 뒤 핀을 직접 노릴 것인가, 레이업을 할 것인가를 정하라고 말한다.

◦ 자신 있게 스윙할 수 있는가 : 풀스윙도 좋고, 스리쿼터(3/4) 스윙도 좋다. 어떤 클럽을 선택하든, 볼을 깨끗하게 칠 수 있는 자신이 있는지를 먼저 자문해본다.

○ 볼에 스핀을 줄 수 있는가 : 그린 앞뒤에 벙커가 있으므로 볼을 그린에 멈추게 해야 한다. 특히 친 볼이 굴러서 그린 뒤쪽 벙커에 들어가지 않을 정도의 스핀을 줄 수 있는지 체크한다.

○ 벙커 샷에 자신이 있는가 : 볼이 잘 안 맞아 그린 앞 벙커에 들어갈 경우 벙커 샷을 어느 정도 홀에 근접시킬 자신이 있는지 자문해본다. 앞 벙커에서 뒤 벙커로, 뒤 벙커에서 다시 앞 벙커로 전전할 만큼 벙커 샷 기량이 처지지 않는지 점검해보라는 뜻이다.

○ 버디 대신 보기 이상의 스코어도 감수하겠는가 : 잘 치면 물론 버디 기회가 오지만, 자칫 잘못하면 보기나 그 이상의 나쁜 스코어가 나올 수 있다는 것을 받아들일 수 있는지를 스스로 물어본다. 그 라운드, 그 상황에서 버디를 못 잡고 보기나 더블보기를 하더라도 게임을 망치지 않는 지를 따져보라는 말이다.

멘탈 포커스 : 위 네 가지 자문에 대한 답이 모두 '예스'라면 핀을 겨냥해 샷을 하라. 만약, 한 가지라도 고개가 갸우뚱해진다면 레이업을 하라. 핀을 직접 노리는 대신 벙커를 피해 그린 가장자리나, 그린을 좀 벗어나도 안전한 곳에 볼을 떨어뜨려 다음 샷으로 파를 잡는다는 전략이 효과적이라는 말이다.

12 핀 위치 까다로운 웨지 샷

홀까지 100m가 채 남지 않았다. 거리는 짧은 편이지만, 깃대가 벙커 너머 그린 구석에 꽂혀 있어 결코 만만한 상황은 아니다. 깃대를 바로 공략해 버디(또는 파)를 노릴 것인가, 아니면 벙커를 피해 안전하게 그린 가운데쯤에 볼을 떨어뜨린 뒤 2퍼트로 홀아웃할 것인가. 미국 오하이오 주더 톨리도CC 소속 프로 돈 코트닉은 이 경우 세 요소를 따져 '직접 공략이냐, 우회 샷이냐'를 정하라고 말한다.

🏴 라이를 본다

볼이 잔디 위에 잘 얹혀 있거나, 왼발이 약간 높은 업힐 라이여서 볼이 쉽게 뜨고 낙하 후엔 곧바로 멈출 수 있는 상황이라면 깃대를 향해 볼을 날린다. 그렇지만 볼이 맨땅이나 잔디 상태가 좋지 않은 곳에 놓여 있거나, 왼발이 낮은 다운힐 라이여서 볼이 잘 뜨지 않을 상황이라면 벙커를 피해 안전한 곳으로 샷을 한다.

🏴 풀스윙 거리인지를 따져본다

남은 거리가, 갖고 있는 웨지 중 하나로 풀스윙을 할 수 있느냐를 따져본다. 아마추어들의 경우 대개 풀스윙을 하면 자신 있게 샷을 하지만, 스리쿼터(3/4)나 하프스윙을 하게 되면 익숙지 않아 뭔가 미심쩍고 자신 있게 휘두르지 못한다. 볼에 걸리는 스핀과 샷의 정확성도 풀스윙이냐, 그렇지 않으냐에 따라 달라진다. 어떤 클럽이든 풀스윙 거리가 남으면 직접 공략하고 그렇지 않으면 우회한다.

🏴 웨지 샷의 패턴을 감안한다

골퍼들마다 웨지 샷을 실수했을 때 그 패턴이 있다. 어떤 이들은 잘못된 웨지 샷 중 십중팔구는 목표지점을 지나서 멈추는가 하면, 어떤 이들은 볼과 클럽헤드의 콘택트가 제대로 안 되거나 헤드업을 하여 샷이 짧곤 한다. 그동안 실수한 웨지 샷이 목표를 넘기 일쑤였던 골퍼는 벙커에 아랑곳하지 말고 위험을 감수한 샷을 한다. 그 반면 웨지 샷이 짧아서 낭패를 많이 본 골퍼는 안전한 루트를 택한다.

멘탈 포커스 : 골프 샷의 성패는 자신감과 직결돼 있다. 의사결정을 했으면 가지 않기로 한 루트는 잊고, 선택한 길에 집중하는 것이 성공 확률을 높인다.

13 그린 주변 맨땅에서 어프로치 샷

어프로치 샷을 그린에 올리지 못했다. 가보니 라이가 좋지 않다. 볼 밑이 맨땅이다. 설상가상으로 볼과 홀 사이에 벙커가 가로놓인 경우도 있다. 이럴 때 별 생각 없이 로프트가 큰 웨지로 띄워 치려다가 '뒤땅치기'나 '토핑' 등 실수를 많이 한다. 띄워 치는 것이 자신이 없을 땐 굴려 치는 길이 있다.

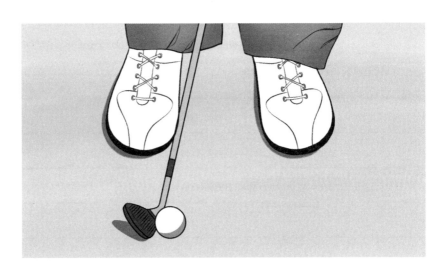

볼이 맨땅에 멈췄을 때

볼이 그린 주변 골퍼들이 많이 다니는 길에 멈췄다. 볼 밑은 잔디가 거의 없고 주변에 큰 나무가 있어 띄워 치면 볼이 나뭇가지에 걸릴 수도 있는 상황이다. 이럴 땐 굴리는 것이 최선이다. 클럽은 로프트가 큰 샌드웨지나 로브웨지 대신 7~9번 아이언이나 피칭웨지를 잡는 것이 좋다. 주의할 점은 일부러 볼을 걷어 올리려는 '스쿠프(scoop)' 동작을 하지 말아야 한다는 것이다. 내려쳐야 볼이 의도한 만큼 굴러서 가는데 그러기 위해선 왼발에 체중을 많이 두고, 양손이 볼보다 앞에서 리드해야 한다. 그래야 클럽헤드가 지면이 아닌, 볼에 먼저 닿을 확률이 높아진다. 잭 니클로스는 "임팩트 후까지도 스윙을 리드하는 손목에 힘을 주어 고정시킨 뒤 강하게 쳐라."라고 말한다.

플레이 선에 벙커가 가로놓여 있을 때

라이가 좋지 않은 데다 볼에서 홀에 이르는 플레이 선에 벙커가 있다. 깃대도 그린 앞쪽에 꽂혔다. 그나마 다행인 것은 벙커 턱이 높지 않다는 점이다. 맨땅에서처럼 쇼트아이언이나 피칭웨지로 굴릴 수도 있겠으나, 그러면 볼은 홀을 훌쩍 지나쳐버릴 가능성이 크다. 그렇다고 웨지로 띄워 치자니, 까딱 잘못하면 볼이 벙커에 빠지기 십상이다. 이때야말로 발상의 전환을 해보자. 퍼터를 잡는 것이다. 타이거 우즈의 현 코치인 행크 해니가 권장하는 방법이다. 퍼터는 14개의 클럽 중 다루기가 가장 쉽다. 퍼터로 친 볼이 벙커를 통과해 그린에 이르게 하는 것이다. 이때 관건은 거리 조절이다. 해니는 "이 경우 그린의 같은 거리에서 칠 때보다 3배 이상 강하게 쳐라."라고 조언한다.

14 그린과 그린 주변에서 '장타'를 날려라

시즌 중에 '베스트 스코어를 한번 내봐야 할 텐데……'라는 생각을 해보지 않은 골퍼가 있을까. 그런데 기본부터 확 뜯어고치기에는 시간이 부족하니 임시방편이라도 찾아야 하겠다. 노력과 비용을 들이지 않더라도, 마음만 굳게 먹으면 할 수 있는 것이라야 한다. 그것은 '그린에서, 그리고 그린 주변에서 길게 치는 것'으로 귀결된다.

🦶 어프로치 샷은 한 클럽 길게 잡는다

그린을 향해 어프로치 샷을 할 때 캐디가 권하는 클럽보다, 평소 그 거리에서 빼드는 클럽보다 한 클럽 긴 것을 잡으라는 말이다. 결심만 굳건하면 얼마든지 할 수 있는 일이다. 파3홀 티샷은 물론 파4, 파5홀 페어웨이에서도 마찬가지이다. 안개가 끼거나 비가 내릴 때, 플레이 선에 해저드

가 있을 때, 깃대가 그린 뒤편에 꽂혔을 때라면 더 말할 것이 없다. 한 클럽 길게 잡은 뒤 결과를 비교해보자. 볼이 벙커에 빠지는 횟수는 줄어드는 대신, 손쉽게 파를 할 수 있는 기회는 더 많아질 것이다.

🦶 쇼트 샷도 낙낙하게 친다

볼이 홀을 지나도록 하라는 얘기다. 그린 주변에서 쇼트 샷을 할 때

샌드·어프로치·로브 웨지 등을 사용하는 골퍼들이 많다. 그처럼 로프트가 큰 웨지를 사용하면 볼은 그린에 떨어진 뒤 얼마 구르지 않아 쇼트 샷의 십중팔구는 홀에 못 미치게 된다. 그러면 잘해야 2퍼트고, 까딱 잘못하면 3퍼트로 이어진다. 이 참에 그런 웨지 대신 피칭웨지나 8, 9번 아이언으로 쇼트 샷을 해보자. 일단 볼은 낙하 후 상당히 굴러 간다. 홀에 근접하거나 홀을 지나치기도 한다. 로프트가 큰 웨지 샷과 결과를 비교해보면 역시 파세이브 확률이 높아진다.

퍼트도 길게 친다

아마추어 골퍼들이 3퍼트를 많이 하고, 버디 기회를 무산시키는 이유는 첫 퍼트를 소심하게 하기 때문인 경우가 많다. 그린에서도 퍼트한 볼이 홀을 지나치도록 치자. 그러다보면 두 번째 퍼트 거리가 길어질 수도 있지만, 운 좋게 홀에 들어갈 수도 있다. 짧게 쳐서 원천적으로 홀인 기회를 봉쇄하는 것보다는 낫다는 뜻이다. 7~10m 거리의 첫 퍼트를 하는 순간 '좀 길게 쳤다'는 생각이 들었는데, 그 볼이 홀 속으로 사라진 경험을 누구나 해보았을 것이다. 똑같은 3퍼트라도, 짧은 것보다는 길게 쳐서 3퍼트하는 편이 마음도 편하다.

자신 있는 골퍼만이 길게 친다

어프로치 샷·쇼트 샷·퍼트를 길게 친다는 것은 그만큼 자신감이 있다는 증거이다. 볼이 홀을 지나치더라도 '다음 샷을 잘 하면 된다'라는 생각이 뒷받침돼 있으므로 현재의 샷을 자신 있게 할 수 있다. 홀을 향해 과감하게 치기 때문에 홀인 가능성도 높다. 골프에서 자신감은 승자의 요건이다.

재미있는 **골프 용어**

> 골프 용어는 크게 두 가지로 나뉜다. '드롭', '해저드' 등처럼 미국골프협회와 영국왕립골프협회에서 정한 공식 용어가 있고, '페어웨이', '러프' 등은 연중 퍼진 비공식 용어가 있다. 친 볼이 벙커에 박혀 계란프라이 모양처럼 생긴 것을 '프라이드 에그(fried egg)'라고 하고, 주변이 물로 둘러싸인 그린을 '아일랜드 그린'이라고 하는 것도 공식 용어는 아니지만, 골퍼들 사이에 널리 퍼진 말이다. 골프 칼럼니스트 최영정 씨가 최근 펴낸 《유익한 골프용어》에서 골퍼들이 머리를 끄덕일 만한 흥미 있는 골프 용어를 정리한다.

▶ **에어 메일(air mail)** : 실수한 (드라이버) 샷. 주소를 잘못 쓰거나 우표를 붙이지 않아 하늘 높이 엉뚱한 곳으로 가는 샷에 대한 조크이다.

▶ **바나나 볼** : 바나나처럼 휘어진 볼. 대개는 슬라이스를 가리킨다.

▶ **브렉퍼스트(breakfast) 볼** : '멀리건'의 별칭. 아침 식사 후 곧바로 티오프하면 실수 확률이 높고, 그러면 동반자들이 벌타 없이 다시 한번 치도록 하는 것에서 유래했다.

▶ **캐디 스윙** : 폼이나 스타일은 멋대로이지만 결과는 좋은 스윙. 캐디들이 골프를 제대로 배우지 않고 골퍼들의 스윙을 어깨 너머로 흉내 내면서 배운 데서 유래한 말. 단, 스코어는 좋다.

▶ **콘돔 샷** : 느낌은 안 좋지만 안전한 샷.

▶ **더블 그린** : 한 그린에 홀을 두 개 만들어 두 홀이 공용하게 하는 그린. 골프의 발상지인 세인트 앤드류스GC 올드코스는 11개의 그린 중 7개가 더블 그린이다. 당연히 1홀 1그린은 4개뿐이다. 한국과 일본의 '투 그린'과는 다른 개념이다.

116 주말골프 무조건 10타 줄이기

- ▶ 이그제큐티브(executive) 골프 : 중역 골프. 골프장에서는 사업 이야기를, 사무실에서는 골프 이야기를 한다. 자신은 골프를 하러 나가서 몇 홀마다 사무실에 전화를 걸어 직원들의 근무 자세를 체크한다.
- ▶ 플로그(flog) : 잘 속이는 골퍼. 골프(golf)를 거꾸로 쓴 것이다. 스코어 등을 잘 속이는 골퍼는 골프가 아닌 flog(훔치다)를 하는 사람이라고 경멸하여 부르는 말이다.
- ▶ 풋(foot) 웨지 : 발로 하는 샷이나 웨지. 라이가 나쁠 경우 발로 볼을 찬 뒤 다음 샷을 하는 골퍼. 깊은 벙커에서 샌드웨지 대신 손으로 볼을 던지는 일을 '핸드 웨지'라고도 한다.
- ▶ 골프 위도(widow) : 골프 때문에 집을 비우는 일이 잦은 남편을 둔 아내를 말함. 최근에는 그 반대 현상으로 '골프 위도어(홀아비)'라는 말도 생겼다.
- ▶ 할리우드 핸디캡 : 허세, 고무줄 핸디캡. 기량보다는 자랑이나 자부심에 의해 거품이 낀 핸디캡을 지칭한다.
- ▶ 인치 웜(inch worm) : 볼 마크 자리를 속이는 일. 그린에서 볼을 마크하고 리플레이스 할 때마다 조금씩 홀에 다가가는 얌체 골퍼를 지렁이에 비유한 말.
- ▶ 밀리터리 골프 : 서툰 골프. 좌우, 전후 등 군대의 제식훈련처럼 사방으로 왔다 갔다 하는 서툰 골프를 일컫는다.
- ▶ 레인(rain) 메이커 : 하늘 높이 치솟는 샷. 높은 하늘에 '비의 구멍'을 만들 만하다고 하여 붙여진 이름이다.
- ▶ 스윙 오일 : 맥주. 맥주가 스윙에 윤활유 역할을 한다고 하여 이렇게 표현한다.
- ▶ 타이타닉 : 볼을 물에 쳐 넣고도 파를 세이브하는 일. 타이타닉은 그리스 신화에 나오는 강한 거인이자, 침몰한 대형여객선의 이름이다.

웃고 나오는

트러블 샷

트러블 샷. 아마추어 골퍼들에게 어려운 얘기이
다. 라이가 좋은 평지에서도 치기 어려운 것이 골
프인데……. 그러나 벙커나 숲 속 등지에서 샷을
하는 것이 불가피하다면 이겨내는 수밖에 없다.
트러블에 처하여 겁부터 먹고 위축될 것인가, 적
극적으로 임해 굿 리커버리 샷을 할 것인가. 그것
은 골퍼들의 마음먹기에 달렸다. 물론 그만한 연
습이 뒤따라야 하고, 상황 판단도 현명하게 해야
한다. 볼이 트러블에 빠져도 '아무렇지도 않다는
듯' 샷을 할 수 있는 길은 없을까.

01 라이 나쁠수록 볼은 스탠스 뒤쪽에

벙커는 골퍼들이 두려워하는 트러블 중 하나이다. 볼이 벙커에 들어가면 걱정이 앞서고 그것은 심리적 위축으로 이어져 샷을 실패하는 악순환이 되풀이된다. 그런데 샌드 샷(폭발 샷)은 그 원리를 알고 보면 그다지 어려운 것이 아니다.

샌드 샷은 스탠스를 오픈(목표 왼쪽을 겨냥)한 뒤 클럽헤드가 아웃-인 궤도로 내려오는 '슬라이스 동작'을 취하는 것이 기본이다.

우선 볼의 라이를 잘 살핀 다음, 시도하려는 샷에 따른 볼 위치, 클럽페이스의 오픈 정도, 폴로 스루의 크기 등을 정하면 된다.

볼의 라이

볼이 모래 위에 사뿐히 놓여 있으면 비교적 샌드 샷을 하기 쉽고, 모래속에 묻혀 있으면 볼을 탈출시키기가 쉽지 않다. 라이가 좋을수록 볼은 스탠스 앞쪽에, 나쁠수록 스탠스 뒤쪽에 위치시켜야 한다.

볼 위치

볼이 스탠스 앞쪽에 있을수록 클럽페이스를 오픈하는 정도가 커져서 클럽은 모래 속을 완만하게 미끄러져 간다. 이른바 'U자형' 스윙이다. 그 반대로 볼이 스탠스 뒤쪽으로 가면 페이스는 스퀘어를 유지하거나 경우에 따라선 약간 클로스한다고 보면 된다.

클럽이 급경사로 내려오기 때문에 모래를 강하게 찍어내는 샷을 하게된다. 'V자형' 스윙이다.

클럽페이스 오픈 및 클로스

클럽페이스를 오픈하면 할수록 더 왼쪽을 겨냥해야 한다. 또 클럽헤드는 모래를 얕게 파고 지나간다. 볼은 높은 탄도로 날아가 백스핀을 많이 먹으며 그린에 부드럽게 안착한다. 클럽페이스를 클로스하면 목표를 바로 겨냥하거나 조금 오른쪽을 겨냥해야 한다. 클럽헤드는 모래를 깊게 파고든다. 탄도는 낮고 그린에 떨어진 뒤에도 볼은 많이 굴러 간다.

폴로 스루

같은 벙커 샷이라도 폴로 스루를 크게 할 수도, 작게 할 수도 있다. 폴로 스루가 크면 볼이 다시 벙커에 떨어지는 실수 확률이 줄어든다. 또 캐리(떠가는 거리)가 비교적 일정하고 임팩트 순간 클럽헤드가 모래 속을 잘 미끄러져 나간다. 그 반면 폴로 스루가 짧으면 전진력이 줄어들며 캐리가 짧아진다. 그래서 볼이 다시 벙커에 떨어질 가능성이 많다. 그러나 그린에 올라가면 사뿐히 정지한다.

팁

'샌드 샷의 대가'로 불리는 게리 플레이어는 "그린사이드 벙커 샷을 할 때 항상 클럽을 약간 짧게 잡는다."라고 말한다. 그러면 클럽헤드에 대한 감이 한결 좋아지기 때문이라는 것이다.

02 스코어대별 벙커 샷 전략

골퍼들이 어려워하는 샷 중 하나가 바로 '그린사이드 벙커 샷'이다. '샌드웨지로 볼 뒤 모래를 쳐주기만 하면 된다'라는 이론은 간단한 듯한데, 실제는 그리 쉽지 않다. 골프장마다 모래 상태가 다르고, 벙커마다 볼의 라이가 달라서 그런지 벙커에서 볼을 그린에 사뿐히 올려놓는 일이 만만치 않다. 기량에 따라 벙커 샷에서 주안점을 두어야 할 부문은 무엇인가.

일단 벙커에서 탈출한다 : 90타대, 100타대 골퍼들이 집중해야 할 부문이다. 벙커에 빠진 볼을 벙커 밖으로 탈출시키는 것만 해도 성공이라고 생각해야 한다. 그러면 다음 샷으로 만회할 수 있는 기회가 있기 때문이다. 볼을 벙커 밖으로 탈출시키려면 벙커 턱 높이를 잘 살펴야 한다. 턱이 높을수록 샌드웨지의 페이스를 더 열어주어야 한다. 벙커 샷이 다시 벙커에 떨어지는 주된 이유는 폴로 스루를 않기 때문이다. 임팩트 직후 클럽헤드를 멈추지 말고 폴로 스루를 끝까지 해주어야 한다.

벙커에서 탈출해 볼을 그린에 올려놓는다 : 80타대에 진입하려는 골퍼들이 주목해야 할 부문이다. 벙커에서 탈출하긴 했는데 그곳이 그린 밖이라면 보기가 보장되지 않는다. 벙커 샷을 그린에 올려놓아 2퍼트로 마무리해야 보기로 막을 수 있는 것. 클럽헤드가 볼부터 맞혀 생기는 홈런성 타구나 볼에서 너무 떨어진 지점의 모래를 떠내는 일을 주의하면 된다.

볼을 깃대 옆에 붙인다 : 아마추어들에겐 달성하기 힘든 목표이다. 미국 PGA투어 프로 가운데서도 벙커 샷을 잘한다는 최경주의 2007년 샌드 세이브(벙커 샷을 홀에 붙여 파나 버디를 잡을 확률)는 평균 58.39%(랭킹 10위)이며, 미국 PGA투어 프로들의 평균치는 50% 선이다.

세계적 프로들도 벙커 샷을 두 번 시도하여 한 번 정도 홀 근처에 붙인다는 얘기이다. 아마추어들의 경우 싱글 핸디캐퍼도 샌드 세이브가 10%가 채 안 되며 보기 플레이어들은 0%에 가깝다. 한 라운드 중 한 번이라도 벙커 샷을 홀에 붙여 파를 잡으면 아마추어들에게는 큰 경사이다. 이른바 '싱글'이 되려는 골퍼들은 따로 시간을 내서 벙커 샷을 집중 연마해볼 필요가 있다.

멘탈 포커스 : **벙커에 들어가면 깃대를 겨냥하는 대신, 자신의 기량에 맞는 목표를 선택하면 마음이 한결 가벼워진다.**

03 페어웨이 벙커 샷

페어웨이 벙커 샷은 그린사이드 벙커 샷보다는 쉬운 편이지만, 아마추어 골퍼들에게는 역시 만만치 않다. 볼이 페어웨이 벙커에 빠질 경우 두 가지를 유념하면 볼을 성공적으로 탈출시킬 수 있다.

클럽 선택

벙커 턱 높이에 따라 클럽 선택을 달리해야 하겠지만, 턱이 낮고 라이가 좋다고 하더라도 5번 아이언보다 더 긴 클럽은 잡지 않는 것이 바람직하다. 교습가 데이비드 레드베터가 권장하는 사항이다.

타이거 우즈는 4번 아이언까지도 괜찮다고 하지만, 아마추어들에게 4번 아이언은 페어웨이에서도 치기 쉽지 않은 클럽이다. 라이가 좋다고 하여 우드를 꺼내 들 경우 성공 확률이 얼마나 됐는지 생각해 보면 잘 알수 있을 것이다.

뒤땅치기보다 토핑이 낫다

그린사이드 벙커 샷은 볼 뒤 모래를 쳐야 하지만, 페어웨이 벙커 샷은 볼을 직접 가격해야 하는 점이 핵심이다. 클럽헤드 중심에 볼을 바로 맞히는 것이 이상적이겠지만, 그것이 어렵다면 리딩 에지(헤드 맨 아랫부분)로 볼 한가운데를 치는 것(thin shot)도 바람직하다. 페어웨이 벙커에서 뒤땅치기는 곧 실패를 의미하기 때문이다. '긴 클럽을 잡지 않으며, 토핑이 뒤땅치기보다 낫다.' 페어웨이 벙커에서 기억해야 할 말이다.

04 샹크의 원인과 치유

아이언 샷이나 그린 주변에서 쇼트 어프로치 샷을 할 때 볼이 클럽페이스에 맞지 않고 호젤(헤드와 샤프트를 연결하는 목 부분)에 맞으면서 오른쪽으로 휙 날아가는 샷이 샹크(shank)이다. 샹크는 골프에서 최악의 샷으로 일컬어진다. 샹크는 한번 찾아오면 대개 상당 기간 지속된다.

골퍼들은 그와 비슷한 상황에 처할 때마다 또다시 샹크가 날까봐 염려하게 되고, 스윙도 제대로 하지 못하는 일이 많다. 샹크의 원인과 치료법은 무엇인가.

　백스윙 때 손목을 너무 돌려 몸을 감싸는 스윙을 하기 때문이다. 과도하다 싶을 정도의 플래트한 스윙 궤도이다. 이러면 페이스가 오픈될 수밖에 없고, 오픈된 페이스는 임팩트존까지 유지돼 볼이 호젤에 맞을 확률이 높아진다. 따라서 백스윙 때 손목을 돌려 클럽을 지나치게 인사이드로 빼는 골퍼들은 양손과 팔·어깨 등이 일체가 된 채 페이스가 목표 라인에 스퀘어를 유지한 상태로 백스윙을 해줄 필요가 있다. 이른바 '원피스' 스윙이다. 또 왼손 등으로 볼을 쳐준다는 느낌으로 타구를 하면 스퀘어 페이스를 유지하는 데 도움이 된다.

🚩 유형 B

어드레스 때 볼에 너무 가까이 서기 때문이다. 체중이 전방(12시 방향)으로 쏠렸다는 의미이다. 어드레스 때는 정상이었다가도 임팩트 순간 자신도 모르게 체중이 앞쪽으로 쏠리는 경우도 마찬가지 결과를 낸다.

자연히 호젤에 맞을 확률이 높아지는데, 어떤 경우는 스윙 궤도가 '아웃-인'이 되면서 호젤에 볼이 맞기도 한다.

비디오로 찍어보면 금세 알 수 있다. 이 경우 다운스윙 때 왼팔이 겨드랑이에서 떨어지지 않도록 하면 처음 몸에서 볼의 간격을 임팩트 때도 유지하는 데 도움이 된다.

🚩 유형 C

헤드 업으로 인해 몸이 열리면서 클럽헤드가 '아웃-인'으로 볼에 접근할 때, 또 평상시의 스윙 리듬이나 자세에서 일탈할 때 나온다. 어떤 경우든 임팩트 순간 클럽페이스가 열린다는 공통점이 있다. 따라서 생크를 막으려면 임팩트 순간 페이스가 스퀘어하게 볼에 접근하도록 하는 것이 가장 중요하다.

참고로 우드는 샤프트와 헤드가 거의 일직선으로 붙어 있어 볼이 호젤에 맞더라도 표가 잘 안 나지만, 아이언은 호젤 부분이 뭉툭하게 생긴 것이 많기 때문에 생크가 날 확률도 더 높다.

멘탈 포커스 : 정상적인 상황이라면 생크가 나지 않는다. 셋업이나 스윙이 평상시 하던 것에서 벗어났기 때문에 발생하는 것이다. 어느 상황에서든 '기본'을 중시하고, 일탈한 스윙만 하지 않으면 생크는 나오지 않는다.

05 러프 샷

신설 골프장이나 대회를 앞둔 골프장일수록 러프를 길게 해 코스 난도 (難度)를 높이는 경향이 있다. 여름철 어떤 경우엔 볼이 페어웨이를 벗어나면 찾기조차 힘들 지경이다. 볼이 러프에 빠질 경우 어떻게 해야 할까. 골퍼들이 자주 맞닥뜨리는 상황들을 알아본다.

🚩 티샷이 깊은 러프에 빠질 경우

볼을 찾긴 했는데 풀 속에 깊이 갇혀 있는 경우이다. 아마추어 골퍼들은 이럴 때 정상적으로 그린을 공략하기 어렵다. 일단 볼을 페어웨이로 꺼내는 레이업 전략을 편 뒤 다음 샷으로 그린을 노리는 편이 현명할지도 모른다. 그러나 깊은 러프에서 반드시 그린을 향해 볼을 쳐야 할 상황이라면 몇 가지 유의해야 한다. 강욱순 프로는 "무엇보다 양손이 클럽을 리드해야 한다는 점이 가장 중요하다."라고 강조한다. 그래야 클럽헤드가 풀에 엉키지 않고 잘 빠져나온다는 것. 그러려면 볼은 스탠스 중앙이나 약간 뒤쪽에 위치시키는 것이 좋다. 클럽헤드가 풀에 감겨 닫히는 수가 많으므로 클럽페이스는 처음부터 약간 오픈한 상태를 유지하는 것이 바람직하다. 백스윙이나 다운스윙은 가파른 궤도로 해주어야 풀이 적게 낀다.

🚩 티샷이 얕은 러프에 빠질 경우

그런대로 칠 만한 라이이고, 그린까지 거리도 얼마 남지 않은 상황이다. 이 경우엔 '플라이어(flyer) 현상'을 유념해야 한다. 임팩트 시 클럽헤드와 볼 사이에 풀이 끼여 백스핀이 잘 먹지 않는다. 친 볼은 톱스핀을 먹어 낙하한 후 많이 굴러간다는 얘기이다. 평소 120m를 8번 아이언으로 쳤다면, 이런 때는 9번 아이언으로 쳐야 거리가 맞는다는 말이다.

그린 주변 깊은 러프에 빠질 경우

이때도 역시 손이 클럽을 리드하고, 체중은 왼발 쪽에 더 두며, 가파른 궤도의 스윙을 해야 한다는 점은 기본적으로 같다. 특히 잭 니클로스는 "스윙 하는 동안 그립을 평상시보다 세게 쥐어야 클럽헤드가 뒤틀리지 않는다."라고 조언한다. 홀까지의 거리가 짧고 깃대가 앞쪽에 꽂혀 있을 경우 톰 왓슨은 샌드 샷 요령을 원용하라고 조언한다.

요컨대 클럽페이스와 스탠스를 오픈한 뒤 볼이 아니라, 볼 뒤 잔디를 쳐주는 것이다. 그러면 볼은 붕 뜨게 되고, 러프에서 일반적 칩샷을 할 때보다 덜 굴러가게 된다.

06 러프에서 직접 공략이냐 레이업이냐

드라이버 샷이 러프에 멈췄다. 홀까지 거리가 140m 이상 되지만 그린을 노려볼 만한 상황이다. '직접 공략하자'라는 생각이 드는가 하면, '안전하게 돌아가자(레이업)'라는 마음도 있다. 이때 의사결정을 하기 전에 몇 가지 사항을 고려하는 것이 좋다.

그린 앞에 해저드가 있는가, 없는가

볼에서 홀에 이르는 플레이 선, 특히 그린 앞에 해저드(벙커·워터해저드)가 있는지 살핀다. 아무런 해저드가 없어 그린이 열려 있을 경우 곧바로 그린을 노릴 수 있다. 이 경우 잘 맞지 않더라도 볼은 그린 앞 웨지 거리에 멈출 것이므로 다음 샷에 파세이브 기회는 있다. 클럽은 페어웨이에서와 같은 것을 고른다. 러프이기 때문에 줄어든 캐리(떠가는 거리)는 낙하 후 상대적으로 많이 굴러 가는 것으로 상쇄되기 때문이다.

해저드가 가로놓여 있을 경우엔 레이업을 고려하여야 한다. 샷이 조금이라도 짧거나 페어웨이에서처럼 충분히 뜨지 않으면 해저드에 빠질 수 있기 때문이다. 그린 앞 좋아하는 거리에 볼을 갖다놓은 뒤 다음 샷으로 승부를 거는 것이 현명하다.

라이가 좋은가, 나쁜가

러프이지만, 볼이 풀잎에 올려져 있어 클럽헤드가 볼 밑을 파고들 정도라면 괜찮은 라이이다. 이런 경우엔 볼도 뜨고 거리도 페어웨이에서만큼 난다. 다만, 볼과 클럽 사이에 풀이 끼여 스핀이 덜 먹음으로써 런이 많이 생기기 때문에 평상시보다 한 클럽 짧게 잡는다. 그 반면 볼을 충분히 띄우기 어려울 만큼 라이가 좋지 않다면 레이업을 택하는 것이 '빅 넘버'를 막는 길이다. 좋지 않은 라이에서 볼을 띄우려면 풀을 헤쳐나갈 만한 파워와 헤드 스피드가 필요하다. 자신이 없으면 로프트가 큰 클럽으로 볼을 페어웨이로 꺼낸 다음, 다음 샷으로 파를 노리는 것이 바람직하다.

앞 핀인가, 뒤 핀인가

핀이 그린 앞쪽에 꽂혀 있느냐, 뒤쪽에 꽂혀 있느냐에 따라서도 전략이 달라질 수 있다. 러프에서는 좀처럼 스핀을 먹일 수 없기 때문이다. 앞 핀이라면 레이업이, 뒤 핀이라면 직접 공략이 유효한 대안이 될 수 있다.

티도 긴 것이 좋아

골프 '티'(티 페그 : 티샷할 때 볼을 올려놓는 도구)도 긴 것이 좋을까?
미국 〈골프다이제스트〉는 이를 규명하기 위해 스윙로봇으로 실험을 해보
았다. 결과는 티 역시 '길수록 볼이 멀리 나간다'는 것이었다. 실험에 사용
된 드라이버는 최신 빅헤드 제품이었고, 티는 길이가 5~10cm인 열 가지
종류였다.

실험 결과 길이 4인치(약 10cm)짜리 '롱 티'는 캐리가 2270야드(약 207m),
총거리가 252.0야드(약 229m)로 가장 멀리 나갔다. 그다음은 3인치(약
7.5cm) 길이의 티로 캐리가 221.2야드, 총거리는 246.8야드(약 225m)에 달
했다. 길이가 6.4cm인 티는 7.5cm짜리와 큰 차이가 없었다. 총거리는
246.8야드(약 225m)로 두 제품이 같았다.

길이 2.25인치(약 5.7cm)의 '브러시 티'는 캐리가 218.0야드, 총거리가
244.0야드(약 222m)로 가장 긴 티보다 8야드나(약 7.3m) 적게 나갔다. 실
험에 사용된 티 중 가장 짧은 2.125인치(약 5.4cm)짜리의 '숏 티'는 캐리가
195.3야드, 총거리는 219.5야드(약 200m)로 거리도 가장 적게 나갔다.

이 실험에서는 스윙로봇의 거리를 극대화하기 위해 티 위치를 평소보다
3인치 정도 앞에 두었다. 클럽헤드가 궤도의 최저점을 지나 '업스윙' 단계
에서 볼과 콘택트 되는 조건을 택한 것이다.

〈골프다이제스트〉 측은 따라서 볼을 높이 티업 할 수 있는 롱티가 조금
유리한 점이 있었다고 덧붙였다. 한편 연습장에서 사용하는 '고무 티'도
로봇 실험 결과 거리 면에서는 나무 티와 별 차이가 없었다. 고무 티는 총
거리가 244.2야드(약 222m)로 실험대상 10개 티 중 랭킹 4위에 해당하는
거리를 냈다.

07 레이업 샷의 두 경우

곧바로 목표를 겨냥해 샷을 하지 않고 끊어 치거나 해저드 때문에 우회하는 샷을 해야 할 때가 있다. 이른바 '레이업(layup) 샷'이다. 프로들은 레이업을 하기로 마음먹으면 확실하게 하는 반면, 아마추어들은 미련이 남아서인지 레이업 샷조차 가능한 한 멀리 보내려고 한다. 어떤 것이 레이업 샷의 본래 목적을 이루는 데 가까운 길인가. 플레이 선에 워터해저드가 있는 경우, 러프에서 페어웨이로 볼을 꺼내는 경우를 통해 레이업 샷의 본보기를 본다.

앞에 워터해저드가 있는 경우

볼에서 해저드 입구까지는 170m이다. 아마추어들은 이런 상황에서 볼을 최대한 해저드 근처까지 보내려고 한다. 그래서 롱아이언이나 페어웨이우드를 꺼내 든다. 그런데 간혹 너무 잘 맞거나, 볼의 런이 많거나, 클럽헤드와 볼 사이에 풀이 끼이는 '플라이어 현상'이 있게 되면 볼은 해저드에 들어갈 수 있다. 이 경우 너무 긴 클럽을 잡지 않는 것이 중요하다. 150m 정도만 보낼 수 있는 클럽으로 샷을 하는 것이 만약의 사태에 대비할 수 있는 길이다.

볼을 페어웨이로 꺼내는 경우

러프에서 목표를 향해 전진할 수 없는 상황이어서 볼을 페어웨이로 꺼내는 경우이다. 이 경우에도 골퍼들은 거리 욕심을 낸다. 15~25m만 쳐내면 될 것을 50m 이상 갈 수 있는 힘으로 친다. 그 결과 볼은 반대편 러프에 다시 빠지거나, OB로 가버린다. 혹 떼려다 혹 붙이는 격이 아닐 수 없다. 이때도 레이업하기로 마음먹었으면 그 '초심'에 충실해야 한다. 거리가 문제가 아니라, 다음 샷을 가장 하기 좋은 곳에 볼을 보내는 것에 주안점을 두어야 하는 것이다.

멘탈 포커스 : 레이업을 부끄럽게 생각할 필요가 없다. 미국 PGA투어 프로인 데이비드 톰스는 작은 체격 때문인지 레이업 샷을 잘하기로 정평 나 있다. 그런데도 2007시즌 상금 랭킹은 32위였다. 레이업은 골프에서 중요한 전략의 하나이다.

08 디보트 자국에 빠졌을 때

계절, 골프장에 따라 페어웨이에 유난히 디보트(divot) 자국이 많을 때가 있다. 잘 맞은 드라이버 샷이 디보트 자국에 들어가 있으면 기분이 좋을 리 없다. 그러나 그것은 그날의 운, 골프의 한 속성이라고 생각하고 다음 샷을 준비하는 것이 현명하다. 성내거나 겁먹는 대신, 그 상황을 인정하고 '잘 쳐낼 수 있다'라고 긍정적으로 생각하는 것이 무엇보다 중요하다.

◦ 한두 클럽 긴 것을 잡는다 : 목표까지 평소 7번 아이언 거리라면 6번이나 5번 아이언을 선택하라는 얘기이다. 디보트 자국에서는 클럽헤드와 볼이 견실하게 콘택트 될 확률이 낮아 제 거리가 잘 안 나기 때문이다.

◦ 볼을 평소보다 뒤쪽에 놓는다 : 평상시 스탠스 가운데에 볼을 놓았다면, 이 경우엔 그보다 더 뒤쪽(오른손잡이의 경우 오른발 쪽)에 놓으라는 말이다. 이러면 자연히 그립을 한 양손은 볼보다 앞쪽에 위치하게 된다. 타

이거 우즈는 디보트 자국을 작은 페어웨이 벙커로 간주하고 샷도 페어웨이 벙커 샷처럼 한다. 볼이 뒤에 있어야 클럽이 지면이 아닌, 볼부터 맞힐 가능성이 높아진다. 또 이 상황에서 필요한 디센딩 블로가 가능하다.

▶ 75%의 힘으로 스윙한다 : 디보트 자국에 있는 볼은 강타해야 잘 나오는 것으로 아는 골퍼들이 많으나 그렇지 않다. 오히려 부드럽게 컨트롤 스윙을 하는 것이 정확한 임팩트와 몸 균형 유지를 위해서 바람직하다. 그러려면 힘껏 치는 대신 75%의 힘으로 스윙하거나, 크기를 줄여 스리쿼터(3/4) 스윙을 하는 것이 권장된다. 페어웨이 벙커 샷처럼 하체는 가능한 단단히 잡아두되 팔 위주로 스윙해주는 것이 좋다. 또 자세는 약간 높게

유지하고, 백스윙은 평상시보다 좀 더 가팔라야 볼부터 맞힐 확률이 높다.

○ 친 볼은 낮게 날아간다는 것을 감안해야 한다 : 디보트 자국에서 친 볼은 낮게 날아가고, 굴러 가는 거리도 비교적 많다. 따라서 플레이 선에 벙커나 워터해저드가 있을 경우 이를 감안한 뒤 전략을 짜야 한다. 잭 니클로스는 볼을 앞쪽에 놓은 뒤 클럽페이스를 오픈하는 식으로 볼을 높이 띄우기도 하지만, 아마추어들이 따라 하기는 쉽지 않다.

09 골퍼들이 어려워하는 샷

골퍼들이 어려워하는 샷은 많다. 그중에서도 골퍼들을 난처하게 하는 몇몇 샷을 짚어본다.

30m 벙커 샷

타이거 우즈는 "30m 안팎 벙커 샷은 골프에서 가장 어려운 샷이다."라고 한다. 그린사이드 벙커 샷 테크닉으로 처리하기는 너무 멀고, 페어웨이 벙커 샷처럼 플레이하기는 너무 짧은 거리이기 때문이다. 우즈는 "두발과 어깨를 약간 열어놓는 셋업을 한 뒤 클럽페이스는 스퀘어가 되도록한다. 이 샷에서는 모래를 아주 조금 퍼 올리는 것이 바람직하므로 볼 뒤 1인치 지점을 정확히 쳐주는 것이 중요하다. 클럽헤드를 멈추면 안 되므로 백스윙부터 피니시까지 다 해주어야 한다."라고 조언한다.

내리막 롱아이언 샷

목표까지는 145m 이상이고, 왼발이 낮은 상황이다. 자세가 어색할뿐

더러 볼을 좀처럼 띄우기 힘들다. 그래서 대개는 원하는 거리가 나지 않는다. 게리 플레이어는 "거리 때문에 어쩔 수 없이 롱아이언을 잡아야 할 경우 오픈 스탠스를 취하면 임팩트 시 페이스가 열리면서 볼을 높게 뜨게 해 준다."라고 말한다.

높은 턱밑 벙커 샷

국내 골프장도 벙커 턱을 높이는 추세이다. 남서울·솔모로·제이드팰리스CC 등이 그런 곳이다. 볼이 턱 바로 밑에 멈추면 난감하다. 이때는 목표가 아니라, 턱이 낮은 쪽으로 우회하는 것이 한 타라도 줄이는 길이다. 그 길이 옆이거나 목표 반대편이라도 어쩔 수 없다. 종전에 친 지점이 멀지 않다면, 언플레이어블 볼 처리를 한 뒤 그곳으로 돌아가 치는 것도 한 방법이다.

급격한 내리막 퍼트

1퍼트는 기대하지 말고, 다음 퍼트를 가장 쉽게 할 수 있는 길을 찾아야 한다. 그래서 다음 퍼트를 오르막으로 남겨두는 것이 급선무이다. 친 볼이 가장 많이 굽어질 곳으로 예상되는 지점(변곡점)을 향해 스트로크해야 하는데, 그 지점을 알 길이 없다면 생각한 것보다 브레이크를 더 많이 감안한 뒤 약하게 쳐주는 것이 차선책이다. 두려워하지 말고, 여느 퍼트와 같은 루틴을 지키는 것도 필요하다.

생크 다음 샷

'또 생크가 나지 않을까' 하는 염려 때문에 샷이 제대로 안 된다. 자신감을 갖고 평소 하던 대로 스윙하는 자세가 바람직하다. 특히 '스퀘어'라는 말에 신경 쓰면 좋다. 백스윙 때 지나치게 클럽헤드를 인사이드로 빼거나 손목을 돌리면 임팩트 때 클럽페이스를 스퀘어로 유지하기가 힘들다.

10 바람 불 때 샷

겨울 골프는 추위와 바람을 동시에 극복해야 한다. 추위는 장비로 어느 정도 막을 수 있지만 바람은 맞닥뜨려야 한다. 바람이 불면 샷을 하기 힘들어질 뿐 아니라, 체감온도도 낮아져서 골퍼들은 움츠러들게 마련이다. 브리티시 오픈 5회 우승의 톰 왓슨이나 강풍이 불 때도 좀처럼 흔들리지 않는 양용은·고우순 프로처럼 '바람의 골퍼'가 될 수는 없을까.

🏳️ 맞바람

어드레스조차 하기 힘들고 거리도 줄어들게 마련이다. 일단 균형 있는 자세를 취하기 위해서는 스탠스를 평상시보다 넓히는 것이 중요하다. 그렇게 하면 몸통 회전에 제약이 생겨 제 거리가 안 나는 수가 많기 때문에 한두 클럽 긴 것을 잡아야 한다. 평상시 6번 아이언 거리라면 4, 5번 아이언을 잡고 부드럽고 간결하게 스윙하면 된다.

맞바람이 부는 상황에서는 '로프트가 작을수록 컨트롤은 향상된다'라는 것이 정설이다. 타이거 우즈는 "볼이 공중에 떠 있는 시간을 가능한 한 줄인다."라고 말한다. 아니카 소렌스탐이나 박지은은 "맞바람 속에서는 펀치 샷(녹다운 샷)이 효과를 발휘한다. 그러려면 한 클럽 긴 것을 잡고 볼을 오른발 쪽에 놓되 3/4스윙과 3/4스피드로서 피니시를 낮게 해주는 것이 관건이다."라고 권장한다. 드라이버 샷의 거리를 내기 위해서는 드로 구질을 생각해볼 만하다. 드로는 탄도가 낮고 구름도 많아 맞바람에서 거리를 내는 데 효과적이다. 티를 낮게 꼽으라는 사람이 있으나 잭 니클로스는 "그러면 내려치게 돼 오히려 볼이 뜰 수 있다."라며 반대한다.

🏳 뒷바람

드라이버 샷의 경우 티를 평상시보다 높게 꼽고 몸 중심이 볼 뒤쪽에 머무르도록 한 뒤 올려치는 스윙을 하면 거리 이득을 볼 수 있다. 어프로치 샷은 전략을 잘 짜야 한다. 목표 앞에 해저드가 없을 때는 볼을 그린 앞쪽에 떨어뜨려 홀로 굴러 가게 하는 것이 안전하고 수월하다. 그린 앞에 해저드가 있을 경우엔 높이 솟았다가 부드럽게 착륙하는 샷이 필요한데 이 경우 로프트가 큰 클럽으로 날카롭게 내려치는 샷을 구사해야 한다.

🏳 옆바람

평상시 5m 빗나갈 것이 옆바람이 불 땐 10m 이상 빗나갈 수 있다. 이 경우엔 바람을 이용해야 한다. 바람이 왼쪽에서 오른쪽으로 불면 목표보다 조금 왼쪽을 겨냥하는 식이다. 옆바람이라도 대개는 한 클럽 정도 길게 잡고 치는 것이 바람직하다.

11 빗속 라운드 때 조심해야 할 것들

비가 내리면 골퍼들 반응은 세 가지로 나타난다. 아예 라운드를 피하는 타입, 억지로 라운드를 하면서 불평을 늘어놓는 타입, '자연조건 중 하나'라고 생각하고 순응하는 타입이다. 자신이 맨 마지막 부류라면, 비 올 땐 더 세심한 주의를 해야 한다.

미끄러짐은 최대한 피해라

굿샷을 위해서, 부상 예방을 위해서 필요한 사항이다. 쇠징 골프화가 가장 바람직하고, 고무징이면 새것으로 신는다. 또 견고한 스탠스를 위해 신발 바닥에 붙어 있는 잔디나 흙 등을 수시로 제거하는 것이 좋다. 경사 면에서는 균형을 잃지 않도록 유의한다. 큰 수건을 갖고 가 그립이 젖을 때마다 닦아주어야 한다. 장갑은 두세 개 준비하되, 가능하면 합성피 제품이 좋다.

성급한 샷 충동 억제해라

빗물이 모자챙을 따라 얼굴에 흐르고, 목을 타고 몸속으로 들어가면 누구나 얼른 샷을 하려고 한다. 그럴 때일수록 '프리 샷 루틴'을 지켜야 한다. 잭 니클로스는 "비 올 땐 부드럽고 완전한 스윙이 중요한데 특히 '백 스윙을 끝까지 한다'는 마음가짐이 중요하다."라고 조언한다.

거리 내려면 띄워라

비 올 때는 런이 적어 거리가 평소보다 덜 난다. 따라서 캐리를 극대화 하는 것이 거리를 조금이라도 더 내는 길이다.

드라이버 샷 때는 티를 조금 높이 꽂고, 볼도 왼발 쪽으로 약간 이동해 업스윙 단계에서 임팩트가 되도록 하는 것이 바람직하다. 파3홀에서는 반 드시 티업하고 샷을 한다.

기술 샷은 가능하면 피해라

클럽페이스와 볼 사이에 수분이 끼이면 높이와 스핀이 함께 줄어든다. 잘 뜨지 않고, 잘 굽지 않는다는 말이다. 따라서 같은 거리가 나가는 클럽이라도 로프트가 큰 우드를 잡는 것이, 원하는 거리를 확보하는 길이다. 페이드나 드로 구사도 여의치 않다. 페이드를 치려다가 왼쪽으로, 드로를 치려다가 오른쪽으로 가버리는 일이 흔하다. 기술 샷보다는 볼을 반듯하게 보낸다는 자세가 권장된다.

그린 주변에선 낙낙하고 과감하게 쳐라

어프로치 샷은 깃발을 겨냥해야 볼이 홀에 근접한다. 그린도 잘 구르지 않기 때문이다. 퍼트한 볼은 습기 때문에 브레이크가 잘 걸리지 않고 잘 구르지 않는다. 맑은 날과는 달리 웬만한 브레이크는 무시하고 홀을 향해 강하고 과감하게 쳐라.

캐주얼(casual) 워터는 구제받아

일시적으로 고인 물에서는 구제받을 수 있다. 벙커에서는 물이 없는 벙커 내 후방에 드롭할 수 있다. 퍼트라인 상에 물이 있을 경우 그 물을 피하고 홀에 가깝지 않은 곳에 볼을 옮겨놓으면 된다. 천둥·번개가 칠 때는 플레이를 중단하고 가까운 대피소나 그늘집, 클럽하우스로 돌아가는 것이 상책이다.

골프 징크스, 오해와 진실 사이!

골프 이론은 각양각색이다. 모든 골퍼들이 다 수긍하는 이론이 있는가 하면, 골퍼마다 생각이 다른 이론도 있다. 골프의 스윙, 게임 매니지먼트, 운동량, 심리적인 면 등에서 구전돼오고 있으나 논리가 확실하지 않은 것, 징크스, 그리고 잘못 이해되거나 혼선이 있을 수 있는 것들을 모았다.

▶ **연습장에서 잘 맞은 뒤에는 코스에서 안 맞는다**

중급 이하 골퍼들에게서 흔히 나타난다. 연습장에서 잘 맞다보면 기대치가 높아져서 코스에서는 심리적인 안정감이 떨어진다. 그 때문에 스윙이 제대로 안 될 수 있다. 또 지나친 연습은 근육에 무리를 주게 되고, 근육의 기억용량 이상으로 '인풋(input)'이 되어 잘못된 샷을 하기 쉽다.

▶ **한 홀에서 몰락하면 그다음 홀에서도 몰락한다**

스포츠 심리학적으로 타당한 논리이다. 골퍼가 초연하려 해도 징크스를 의식하고 있다면 심리적으로 미묘한 변화를 일으켜 정상적인 스윙을 방해하기 때문이다. 스포츠 심리학 전문가들은 이런 경우 코스를 의식하기보다는 세부적인 공략법을 세운 뒤 한 샷 한 샷에 충실하는 것이 징크스를 벗어나는 지름길이라고 설명한다.

▶ **골프는 운동이 안 된다**

달리기나 헬스 등에 비하면 '골프는 운동도 아니다'라고 말하는 경우가 있다. 그런데 열량 소모로만 따진다면 골프는 여느 격렬한 운동 못지않다. 18홀을 네 시간에 돈다면 1,200kcal 안팎을 소비한다.

이는 네 시간 등산이 약 1,000kcal, 한 시간 농구가 500kcal, 두 시간 배구가 400kcal를 소모하는 것에 비하면 적은 것이 아니다. 더욱 2~3인이 한 조로 플레이하거나 100타를 넘는 초보 골퍼라면 그 운동량은 50%까지 더 증가된다.

퍼트의 神

퍼트(putt). 골프에서 가장 간단하고 쉬운 단어가 아닌가. 또 골프의 여러 가지 샷 중 가장 단순한 동작이 아닌가. 그런데도 골퍼들의 애간장을 녹인다. 프로들은 드라이버 샷을 300m나 날려놓고도 1m 퍼트를 넣지 못해 우승과 2위가 갈린다. 아마추어들은 그 어렵다는 레귤러온을 해놓고도 5m 거리에서 3퍼트를 하며 다 된 밥에 재를 뿌리곤 한다. 퍼트 역시 골퍼들이 정복할 수는 없다. 그러나 퍼트의 비밀에 최대한 근접할 수는 있겠다. 그 길을 한 걸음씩 가보자.

01 다섯 가지 퍼트 방법 장단점은?

골프 스코어는 그린에서 판가름 난다. 그런데 퍼트를 하는 방법, 그립을 잡는 방식은 십인십색이다. 쇼트게임 전문교습가 데이브 펠즈는 가장 많이 쓰이는 다섯 가지 퍼트 방법에 대한 실험을 했다. 퍼트가 잘 안 되는 골퍼들은 각각의 장단점을 파악해 변화를 시도해봄 직하다.

벨리(보디)퍼터

일반 퍼터와 롱퍼터의 중간 길이(1.04~1.19m)에 해당하는 퍼터로, 퍼트할 때 그립 끝이 복부에 닿는다. 로버트 가메즈가 이 퍼터를 사용 중이며, 비제이 싱과 콜린 몽고메리도 애용했다. 이 방법은 스트로크를 할 때 볼을 때리지 않고 스윙하도록 해준다. 또 손목 꺾임이나 상박의 회전을 최소화해 '시계추 동작'을 내게 한다. 단거리에서 장거리 퍼트에 이르기까지 성공률이 높다.

크로스 핸디드(cross-handed) 그립

왼손이 오른손보다 아래쪽에 오는 퍼팅 그립으로 짐 퓨릭, 리 잰슨 등이 애용한다. 손목과 상박의 움직임을 최소화하며 어깨와 퍼트라인이 스퀘어가 되도록 해준다. 장·단거리 퍼트에 효험이 있다. 단 롱퍼트나 브레이킹 퍼트에 적응하는 데 오래 걸릴 수 있다.

🏌 롱퍼터

스튜어트 싱크, 스콧 매카런 등이 사용하는 퍼터로, 그립 끝이 가슴이나 턱에 닿을 정도로 퍼터가 길다 (1.21~1.37m). 롱퍼터도 벨리퍼터처럼 스트로크를 때리지 않고 스윙하도록 하는 데 도움을 준다. 그래서 시계추 동작을 할 수 있게 한다. 아래쪽에 위치한 손으로 스윙만 하면 되므로 3m 이내의 중·단거리에 효과가 있다. 단 먼 거리 퍼트나 바람이 불 때는 불리하다.

🏌 집게발 그립

크리스 디마르코가 이 그립을 하는 대표적 선수이다. 힘이 실리는 손이 수동적인 위치가 돼 손으로 컨트롤하는 동작이 없어진다. 새로운 그립이므로 새로운 기분으로 퍼트할 수 있지만, 그 생소함이 바로 단점이기도 하다.

🏌 역오버래핑 그립

오른손이 아래에 위치하는 전통적 퍼팅 그립이다. 타이거 우즈를 비롯한 많은 프로들이 애용 중이나 실험 결과 성공률은 그다지 높지 않았다. 5m 이상의 롱퍼트와 브레이크가 심한 퍼트에서만 수위를 차지했다. 손목이나 퍼터 페이스의 일관성을 유지하는 것이 방향성·거리감 확보의 관건이다.

02 빠른 그린 대처법

일류를 지향하는 골프장일수록 그린을 빠르게 관리한다. 안양베네스트 남서울 나인브릿지 이스트밸리 레이크사이드, 그리고 신설 레인보우힐스CC 등이 그렇다. 골퍼들이 익숙지 않아서인지 빠른 그린에 제대로 대응하지 못한다. 그런 곳에선 무엇보다 퍼터 헤드에서 나온 에너지를 줄여 볼에 전달하는 것이 급선무이다. 빠른 그린, 심한 내리막 라인, 언덕을 넘어 급경사를 타고 굴러 내려가는 라인 등에서 대처하는 방법을 알아본다.

◡ 그립을 짧게 잡는다 : 쇼트게임 교습가 데이브 펠즈가 주장하는 것이다. 상체를 더 구부린 뒤 그립 최하단을 잡거나 아예 맨 샤프트를 잡는다. 우드·아이언 샷을 할 때 그립을 짧게 쥐면 거리가 짧아지는 이치와 같다. 이러면 그립을 길게 잡을 때보다 볼이 천천히 가고 덜 구른다. 볼을 헤드 중심에 맞히기도 쉽다.

◡ 헤드의 토(앞 끝) 부분으로 친다 : 익히 알려진 방법이다. 퍼터 헤드의 중심(스윗 스폿)에 맞을 때보다 헤드 끝인 토(toe)에 맞으면 임팩트 에너지 전달 효율이 떨어질 것은 당연한 일이다. 스윗 스폿에 맞으면 2m 갈 볼이 토에 맞으면 1m 정도 간다는 주장이 있다.

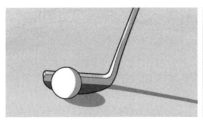

단, 이때 그립을 단단히 쥐어 헤드가 뒤틀어지지 않도록 해야 한다. 대개 페이스가 오픈돼 원하는 라인보다 오른쪽으로 간다.

◟ **스윙 크기를 작게 한다** : 스트로크한 볼이 굴러 가는 거리는 스윙 크기와 비례한다. 빠른 그린에서는 특히 백스윙을 작게 하고, 폴로 스윙은 백스윙보다 크지 않도록 한다.

◟ **무겁지 않은 퍼터를 갖고 나간다** : 그린이 빠르다는 정보를 입수했으면, 무겁지 않은 퍼터를 갖고 나가는 것도 한 방법이다. 헤드 모양이 불스 아이류의 'L자형', 핑 스타일의 'T자형' 퍼터가 그런 것들이다. 최근 유행하는 '반달형', '삼각형'이나 '투볼 퍼터'류는 헤드가 무겁기 때문에 친 볼도 많이 굴러 가게 마련이다.

◟ **브레이크를 많이 감안한다** : 빠른 그린에서는 친 볼이 브레이크(break)를 많이 먹는다. 따라서 브레이크가 심한 퍼트라인일 경우 캐디가 권하는 것보다 브레이크를 좀 더 감안해주는 것이 홀인 가능성을 높이는 길이다. 요컨대 보통빠르기나 느린 그린에서보다 더 프로 사이드(홀 위쪽)를 보라는 말이다.

03 내리막 퍼트

퍼터를 대기만 해도 볼이 5~10m는 족히 지나칠 만큼 급격한 내리막 라인. 골퍼들에게는 드라이버 샷을 똑바로 230m 보내는 것 못지않게 어려운 상황이다. 평상시처럼 치자니 볼은 경사를 타고 한없이 굴러갈 것 같고, 살짝 치자니 그런 상황에 익숙지 않아 주저하는 스트로크를 한다. 어떻게 하는 것이 좋을까.

🚩 목표

그 퍼트를 바로 홀에 집어넣는다는 생각은 접어두자. 그 대신 볼이 가능하면 홀에서 멀어지지 않도록 하는 데 초점을 맞춰야 한다. 당연히 가장 작은 힘으로 스트로크해야 한다. 볼이 움직일 정도만 쳐주고 나머지는 경사를 타고 스스로 굴러 가도록 해야 한다.

🚩 퍼터헤드의 '토'로 어드레스한다

퍼터 헤드의 앞 끝(toe)에 볼이 오도록 어드레스한다. 물론 칠 때도 그곳으로 쳐야 한다. 볼이 퍼터 헤드의 가운데(스윗 스폿)에 맞으면 제 거리가 날 수밖에 없다. 그러나 이처럼 토로 치면 볼에 가해지는 힘이 최소가 되어 구르는 것도 적어진다. 스윗 스폿으로 쳤을 때 3m 간다면, 토로 칠 경우엔 1.5m 정도 가게 된다는 조사도 있다. 그만큼 다음 퍼트 거리가 짧아진다는 얘기이다. 평지에서 5m 거리의 퍼트를 했는데 볼이 스윗 스폿에 맞지 않아 3m 정도 가는 데 그친 경험을 누구나 갖고 있을 것이다. 그것을 생각하면 이해가 될 것이다. 토로 치려면 어드레스 때부터 평소보다 볼에서 더 멀리 떨어져 셋업을 하는 것도 권장된다. 스트로크는 복싱에서 잽을 하듯 너무 짧게 끊어치지 않아도 된다. 백스윙은 짧고 천천히 하되, 포워드 스윙은 침착하게 밀어주면 된다.

🚩 그립은 단단히 쥐어야 한다

퍼터 헤드의 토로 볼을 맞혀야 하기 때문에 그립을 느슨하게 잡으면 퍼터 헤드가 뒤틀릴 수 있다. 그러면 페이스가 오픈 되고, 볼은 엉뚱한 방향으로 가버린다. 그것을 막기 위해서는 그립은 단단히 잡아야 한다. 그래야 임팩트 직후까지도 클럽페이스가 틀어지지 않고 스퀘어를 유지하며 볼이 원하는 라인으로 굴러가게 된다.

🏴 브레이크는 더 감안을

급한 내리막인 데다 볼을 아주 살짝 쳤기 때문에 브레이크도 많이 먹는다. 따라서 생각한 것보다, 캐디가 권장하는 것보다 브레이크를 더 많이 감안해서 쳐야 볼이 홀에 근접하게 된다.

🏴 미국 PGA투어 프로들의 대처법

⌣ 토드 해밀턴(2004년 브리티시오픈 챔피언) : 볼보다 15~30cm 앞 퍼트 라인상의 한 지점(볼이 떨어진 자국이나 색깔이 다른 풀잎 등)을 선정한 뒤 그곳을 향해 퍼트한다. 드라이버 샷을 할 때 중간 목표를 정하는 것과 흡사하다.

⌣ 지오프 오길비(2007년 미국 PGA투어 홀딩 퍼트 랭킹 23위) : 평탄한 라인의 퍼트를 할 때보다 브레이크를 더 감안한다. 가능하면 홀보다 높은 쪽(프로 사이드)을 향해 퍼트한다는 뜻이다. 내리막에서는 세게 칠 수 없고 살며시 굴려야 하는데, 그러면 브레이크를 많이 먹을 수밖에 없기 때문이다.

⌣ 스튜어트 싱크(2007년 말 세계 랭킹 24위) : 모든 퍼트는 각각에 알맞은 적절한 스피드가 있다. 스피드에 맞게 쳐야 성공 가능성이 높다는 말이다. 이 상황에서도 먼저 스트로크의 세기를 가늠한 다음 그에 맞게 스트로크한다. 내리막이라고 하여 너무 소심하게 치지 않는다. 예컨대 10m 거리의 급경사라면 약 3m 거리의 평지로 생각한 뒤 그에 맞는 스피드로 친다는 말이다. 볼이 어디로 갈지는 크게 신경 쓰지 않는다.

○ 아담 스콧(2007년 말 세계 랭킹 7위) : 극도로 침착하게 스트로크해야 한다. 내리막에 많이 굽어지는 퍼트 라인이므로 조금이라도 이상한 몸동작을 하게 되면 볼은 원하는 라인을 벗어나거나 홀을 훌쩍 지나쳐버린다. 조용한 가운데 볼을 원하는 라인으로 쳐주면 그것으로 끝이다.

멘탈 포커스 : '볼이 홀에 미쳐야 들어간다(Never up never in)'라는 퍼트 격언이 있지만 이 상황에서는 너무 대담해서는 안 된다. 볼이 경사를 타고 굴러 홀 속으로 가까스로 떨어지는 '다이(die) 퍼트'를 시도하는 것이 바람직하다.

04 브레이크에 영향을 주는 요소들

퍼트할 때 '브레이크(break)'라는 말을 많이 들었을 것이다. 브레이크는 '스트로크한 볼이 굽어지는 정도'나 '굽어지는 것' 자체를 뜻한다. 퍼트 라인이 좌우로 심하게 굽어져 있을 때 '브레이킹 퍼트'라고 표현하며, 굽어지는 정도가 클 때 '브레이크를 많이 감안해야 한다'라고 말한다. 브레이크는 상황에 따라 적게 먹기도 하고 많이 먹기도 한다. 브레이크는 스트로크의 세기나 그린 빠르기와 연관이 있지만, 골퍼들의 퍼트 스타일에 따라 달라지기도 한다. 브레이크에 영향을 주는 요소는 무엇인가.

그린 스피드

같은 거리의 퍼트라도 그린 스피드에 따라 브레이크의 양은 달라진다. 아주 빠른 그린이거나 급격한 내리막일 경우 브레이크는 많이 먹는다. 친 볼의 변곡이 심하다는 뜻이다. 그러나 느린 그린이거나 오르막일 경우 브레이크는 상대적으로 적게 먹는다. 웬만한 거리는 홀을 곧바로 겨냥해도 볼이 홀을 크게 벗어나지 않는다는 말이다.

🏌 퍼트 거리

퍼트 거리가 1m냐, 5m냐에 따라 브레이크는 달라진다. 짧은 거리에서는 브레이크를 거의 보지 않고 홀 안쪽을 향해 과감하게 쳐주는 것이 성공 확률을 높이는 길이다. 1m 안짝의 쇼트퍼트는 까다로운 내리막 라인일지라도 과감하게 쳐주면 브레이크를 먹을 시간적 여유가 거의 없다. 단, 퍼트 거리가 길어지면 그만큼 브레이크도 감안해주어야 한다.

🏌 퍼트 스타일

5m가 더 되는 퍼트가 남아 있다. 이 경우 홀에 붙이려는 목적의 래그(lag) 퍼트를 시도할 수도 있고, 곧바로 홀인을 노리는 차지(charge) 퍼트를 할 수도 있다. 살살 굴려 홀에 붙이려는 래그 퍼트일 경우 브레이크를 더 많이 감안해야 한다. 친 볼이 더 많이 굽어진다는 것을 염두에 두고 브레이크를 충분히 보라는 말이다. 반면, 홀을 곧바로 겨냥한 스트로크일 경우 브레이크를 상대적으로 덜 감안해야 한다. 중·장거리 퍼트를 주로 프로 사이드(홀 위쪽)로 하는가, 아마추어 사이드(홀 아래쪽)로 하는가에 따라서도 감안해야 할 브레이크는 달라진다. 프로 사이드로 볼을 보내는 사람은 브레이크를 실제보다 더 감안하고, 아마추어 사이드로 볼을 보내는 사람은 덜 감안한 결과일 때가 많다. 홀인 확률은 차치하고, 친 볼이 매번 홀 위쪽에 머무르는 골퍼는 브레이크를 조금 덜 보고, 아래쪽에 머무르는 사람은 조금 더 보고 퍼트하는 것이 성공률을 높이는 길이다.

홀인원 클럽에 가입하는 길

미국 〈골프다이제스트〉에 따르면 보통의 아마추어 골퍼들이 홀인원을 할 확률은 1만 2000분의 1이다. 한 라운드에 파3홀이 4개 있다고 하면 3000 라운드를 해야 홀인원을 한 번 할 수 있는 셈이다. 물론 이것은 확률상 그렇다는 얘기일 뿐이다. 3000라운드 이상을 하고도 단 한 번의 홀인원을 하지 못한 프로 골퍼들이 있는가 하면, 몇 년 새 두세 차례의 홀인원을 하는 아마추어 골퍼들도 가끔 볼 수 있다. 홀인원에 좀 더 접근할 수 있는 길을 세 명의 골프 전문가들에게서 들어본다.

▶ 데이비드 리드베터(교습가)

아마추어 골퍼들은 아이언 샷이 짧은 경향이 있다. 파3홀 티샷도 마찬가지이다. 자신이 생각하는 것보다 한 클럽 긴 것을 잡아라. 그런 뒤 낮게 티업해서 부드럽게 스윙해라. 그는 "티가 높으면 볼이 클럽헤드 위쪽에 맞을 가능성이 있고 그러면 홀인원에 필요한 거리와 탄도가 나오지 않는다."라고 말한다.

▶ 맨실 데이비스(프로 골퍼)

홀인원 확률을 높이기 위해서는 파3홀에서 티를 사용하지 마라. 라운드 중 대부분 아이언 샷을 할 때는 티 없이 맨땅에 놓인 볼을 치는데, 왜 파3홀 티잉 그라운드에서만 티업을 해서 혼란을 자초하는지 알 수 없다. 다음, 깃대를 곧장 겨냥하라. 그러면 집중력이 높아지고 잡념 없이 단순하게 샷을 할 수 있다. 데이비스의 조언은 상식과는 다른 것이다. 그렇지만, 데이비스는 프로 골퍼 중 세계 최다 홀인원(50개) 기록보유자이다.

▶ 닉 프라이스(미국 PGA투어 프로)

티업 위치를 잘 정하는 것이 관건이다. 자신의 볼이 드로(또는 훅) 구질이라면 티잉 그라운드 왼편에 티업한 뒤 홀 오른쪽이나 중앙을 겨냥하라. 그러면 볼은 왼쪽으로 굽어지면서 깃대를 향해 날아갈 것이다. 그 반대로 페이드(또는 슬라이스) 구질이라면 티잉 그라운드 오른편에 티업한 뒤 홀 왼쪽을 겨냥하면 된다.

05 2단 그린에서 퍼트하기

그린이 위·아래층으로 된 2단, 3단 형태가 많아지는 추세이다. 그런 그린에서 볼과 홀이 서로 다른 층에 있기라도 하면, 골퍼들은 어디로 쳐야 할지 난감해진다. 2퍼트로 마무리하기가 쉽지 않을뿐더러 심한 경우 4퍼트도 나온다.

남서울CC 18번 홀과 같은 2단 그린에서 효율적으로 퍼트하는 방법은 없을까. 다층 그린의 공략은 어프로치 샷에서 시작된다. 깃대가 어느 층에 꽂혀 있는지 확인한 뒤 그에 맞는 어프로치 샷 전략을 짜야 한다.

깃대가 아래층에 있다면 어프로치 샷은 짧게, 위층에 있다면 낙낙하게 치는 것이 다음 샷을 하기 용이하다. 그런데도 볼과 홀이 다른 층에 있을 경우 세심한 주의가 필요하다.

🚩 볼은 위층, 홀은 아래층에 있을 경우

골퍼들이 겁을 먹는 상황이다. 내리막 퍼트를 해야 하기 때문에 스트로크의 세기를 조절하는 것이 관건이다.

스트로크한 볼은 작은 힘에도 그린의 낮은 곳을 향해 굴러 간다. 내리막이므로 브레이크도 많이 먹는다. 먼저 '변곡점(breaking point)'을 정한다. 이는 볼이 가장 많이 굽어질 것으로 예상하는 지점이다. 다음, 관건은 스트로크의 세기이다. 볼이 변곡점에 가까스로 도달할 정도의 세기로 쳐야 한다. 그 지점부터 홀까지는 제 풀에 굴러 가게 마련이기 때문이다. 자신이 없으면 볼을 일단 아래층까지 보낸 뒤 그 곳에서 2퍼트로 마무리한다는 자세도 괜찮다.

볼은 아래층, 홀은 위층에 있을 경우

오르막 퍼트를 해야 하므로 그나마 나은 상황이지만, 이 역시 세기 조절이 쉽지 않다. 과감하게 치다보면 볼은 홀을 지나쳐버리고, 평지에서처럼 치면 볼은 제자리로 굴러 내려오기 일쑤다.

이 상황에서도 먼저 변곡점을 파악해야 하는데 오르막이므로 내리막보다는 상대적으로 브레이크는 적게 먹는다는 것을 감안해야 한다.

그다음 첫 퍼트는 일단 위층까지 올라가도록 충분하게 쳐주는 것이 중요하다.

게리 플레이어는 이 경우 "실제 홀보다 2m 정도 뒤에 가상의 홀이 있다고 생각한뒤 퍼트한다."라고 말한다. 이 공식은 층의 높이에 따라 달라진다.

데이브 펠즈의 조언

쇼트게임 전문교습가 데이브 펠즈는 비교적 계량적인 방법을 제시한다. 층의 높이에 10을 곱한 다음 그 거리만큼 가감해 스트로크를 하라는 것이다.

이를테면 홀이 위층, 볼이 아래층에 있고 위·아래층의 높이가 30cm라고 하자. 이 경우 10을 곱하면 300cm(3m)가 된다. 평지에서 퍼트할 때보다 3m 더 길게 친다는 생각으로 스트로크를 하라는 얘기이다. 물론 내리막이라면 3m 짧게 쳐야 한다.

멘탈 포커스 : 볼과 홀이 다른 층에 있을 경우 2퍼트면 성공이고, 3퍼트를 해도 낙담하지 않는다는 마음가짐이 어떨까.

06 먼 거리 퍼트

흔히 그린에서 스코어가 결정된다고 한다. 맞는 말이다. 그런데 같은 퍼트라도 쇼트·미디엄·롱퍼트 가운데 어느 부문이 더 스코어와 직결될까.

쇼트게임에 관한 한 일가견이 있는 필 미켈슨은 미국 PGA투어의 각종 통계를 산출하는 '샷 링크'의 도움을 얻어 2005년 한 해 동안 자신의 퍼트 통계를 내보았다.

그 결과 쇼트(1.8m 거리 이하)·미디엄(6m 안팎)·롱(10m 안팎)퍼트의 성공 확률이 확연히 달랐다. 쇼트퍼트는 1.8m 거리에서 68%의 성공률을 보였으며 90cm 거리에서는 99%의 성공률을 나타냈다. 1.8m 거리 이내에서는 십중팔구 볼을 홀에 집어넣는다는 얘기이다. 그런데 홀까지 6m 거리의 미디엄 퍼트 성공 확률은 29%로, 홀까지 10.5m 거리의 롱퍼트는 17%

로 뚝 떨어졌다. 세계적 프로 골퍼라도 중·장거리 퍼트 성공률은 그다지 높지 않다는 것을 알 수 있다.

핸디캡 15(그로스스코어 87타) 수준의 아마추어 골퍼들은 어떨까.

쇼트퍼트(90cm~1.8m)의 성공률은 74~41%로 50%를 웃돌지만, 미디엄·롱퍼트 성공률은 각각 8%, 3%로 현저히 떨어졌다. 아마추어 골퍼들은 퍼트 거리가 6m 이상 되면 볼이 홀에 들어가는 것을 바라지 않는 편이 나을지도 모른다.

이 같은 통계는 무엇을 의미하는가. 미켈슨은 "미디엄·롱퍼트나 그린을 갓 벗어난 지점에서 칩샷을 홀에 얼마나 잘 붙여 다음 퍼트로 홀아웃할 수 있느냐가 스코어 2~3타를 가름하는 관건이 된다."라고 주장한다.

아마추어 골퍼들은 한 라운드에서 3퍼트를 두세 차례는 한다. 퍼트 컨디션이 좋지 않을 때는 그보다 많아지기도 한다. 바로 거기에서 동반자들과 스코어 차이가 난다. 미켈슨조차도 성공 확률 30%가 채 안 되는 6m 거리의 퍼트를 곧바로 홀에 집어넣을 생각을 하지 않았는가. 더더욱 10m 거리의 퍼트도 홀을 직접 노리지는 않았는가 되짚어볼 일이다. 그 대부분은 홀을 외면하고, 심지어 3퍼트로 이어진 것이 많았을 것이다.

거리에 따른 퍼트 성공률

거리	90cm	1.2m	1.5m	1.8m	6m	10.5m
필 미켈슨	99%	94%	83%	68%	29%	17%
아마추어 (핸디캡 15)	74%	66%	54%	41%	8%	3%

※자료 : 미국 〈골프다이제스트〉

07 3퍼트 막는 길

골퍼들이 스코어를 잃는 경우 중 하나가 10m 이상의 롱퍼트이다. 첫 퍼트를 홀 주변 90cm 안에만 갖다놓으면 2퍼트로 홀아웃할 수 있을 터인데 그렇지 못하고 3퍼트, 심지어 4퍼트로 홀아웃하는 것을 흔히 본다.

3~4퍼트는 스코어를 망치는 것은 물론 기분도 잡쳐버려 다음 홀까지도 영향을 미친다. 벤 크렌쇼, 로렌 로버츠와 더불어 '퍼트 고수 3인방'의 한 명인 브래드 팩슨은 "롱퍼트에서 가장 중요한 것은 거리 조절이다."라고 단언한다.

셋업 때 좀 더 꼿꼿이 선다 : 1~2m 거리의 쇼트퍼트 때보다 몸(상체·눈)을 더 세우라는 말이다. 몸을 세울수록 퍼트 라인에 대한 시야가 넓어지고, 팔과 어깨의 움직임이 수월해져 롱퍼트에 필요한 크고 유연한 스트로크를 할 수 있다. 쇼트퍼트 때처럼 '스트로크 메커니즘'을 위한 경직된 자세는 바람직하지 않으며, 세게 치려는 나머지 그립을 너무 강하게 잡는 것도 금물이다. 체중은 칩샷을 할 때처럼 왼발 쪽에 더 많이 배분하는 것이 좋다.

스피드를 파악하는 데 주력한다 : 아마추어들은 롱퍼트 때도 퍼트 라인 좌우의 경사를 살피는 데 주력한다. 그러나 롱퍼트 때 볼이 홀 좌우로 2m이상 벗어나는 일은 드물지만, 전후로 2m 이상 차이 나는 일은 흔하다. 먼 거리 퍼트에서는 '브레이크(방향)'보다 '스피드(거리)'가 생명이라는 뜻이다. 롱퍼트에서 스피드는 그린 빠르기 및 경사, 잔디 결, 주위의 지형 등에도 영향을 받지만, 골퍼의 감각에 크게 좌우된다.

아니카 소렌스탐과 타이거 우즈는 오르막이나 내리막 롱퍼트의 경우 총거리를 반으로 나눈 뒤 중간지점까지 적절한 세기로 볼을 보내는 데 주력한다고 한다.

◔ 거리 조절을 위해 '미니 스윙'을 원용한다 : 먼 거리에서 3퍼트는 홀을 지나치기보다는 홀에 못 미치게 쳐서 나오는 수가 많다. 이는 쇼트퍼트 때의 스트로크 타법으로 치기 때문이다.

롱퍼트는 스윙도 부드러워야 하지만, 그 길이도 커야 한다. 그러려면 짧은 칩샷을 할 때의 백스윙을 원용하는 것이 좋다. 퍼터를 들었지만 '풀스윙의 축소판'이라고 생각하는 것이다. 경우에 따라서는 손목도 꺾어주고 무릎·발 위주로 약간의 체중 이동을 해주는 것도 필요하다. 롱퍼트에서는 볼이 홀을 지나치게 치는 것보다는 홀 주변 일정구역(예컨대 반경 90cm 내)에 멈추게 하는 것이 더 중요하다.

◔ 먼 거리일수록 볼을 퍼터에 정확히 맞혀야 한다 : 퍼터 헤드의 스윗 스폿에 볼을 맞히라는 뜻. 우즈는 "아주 먼 거리 퍼트에서는 볼이 스윗 스폿을 0.5인치만 벗어나 맞아도 거리는 3m가 짧아질 수 있다."라고 주장한다.

◔ 거리감을 느낀다 : 롱퍼트의 주된 목적은 볼을 홀에 가까이 붙여서 손쉽게 다음 퍼트로 홀아웃하는 데 있다. 그러려면 거리감을 얻는 데 주력해야 한다. 퍼트한 볼이 왼쪽에서 오른쪽으로, 또는 오른쪽에서 왼쪽으로 굽어질 것인가에 대해서는 지나치게 신경 쓰지 않아도 된다.

요컨대 방향보다는 거리를 파악하는 데 주어진 시간을 쓰라는 얘기이다. 이를 위해서는 볼에서 한 걸음 물러나 홀을 보면서 해야 할 퍼트 거리에 따른 스트로크의 크기, 템포, 리듬, 스피드 등에 대한 감을 잡는 것이 중요하다.

스트로크 직전 홀을 쳐다본다 : 프리 샷 루틴을 통해 스트로크를 위한 셋업을 마쳤어도 해야 할 일이 남아 있다. 바로 퍼터 헤드를 뒤로 움직이기 전에 마지막으로 홀을 쳐다보는 일이다. 앞서 파악했던 볼에서 홀까지의 거리감을 다시 한번 확인하기 위해서이다. 이때 쇼트퍼트를 할 때보다 자세(몸)를 조금 곧추세우면 홀도 잘 보이고 스트로크 동작도 원활해진다.

　메커니즘이 아니라 리듬으로 스트로크 한다 : 이제 볼을 칠 차례이다. 이때 스트로크 메커니즘(기술)은 잊어. 다만 퍼터 헤드를 얼마만큼 뒤로 가져갈 것인가에 대해서만 신경 쓴다. 물론 백스윙을 마치고 포워드 스윙으로 넘어갈 때도 리드미컬한 동작이 필요하다.

임팩트 단계에서는 퍼터 헤드 가운데로 볼을 맞힌다는 것에 집중해야 한다. 조금이라도 빗맞으면 생각보다 거리가 안 나고, 그렇게 되면 3퍼트로 이어질 수 있다.

08 홀을 보면서 퍼트하기

국내 프로 골퍼 중 쇼트게임을 잘하는 선수로 최상호가 꼽힌다. 최 프로는 퍼트할 때 볼과 홀을 동시에 보면서 스트로크한다. 아마추어들 중에서도 홀을 보면서 스트로크하는 사람이 있다. 홀을 보고 스트로크하는 것은 '임팩트 직후까지도 볼 있던 곳에 시선을 두라'는 전통적인 이론과는 거리가 있다.

미국 골프매거진은 골퍼 40명을 대상으로 홀을 보고 스트로크하는 것과 볼에 시선을 둔 채 스트로크하는 것에 대한 비교 실험을 했는데 홀을 보는 쪽이 더 바람직한 결과를 냈다고 한다.

🚩 홀을 보고 퍼트하는 순서

①어드레스를 한 뒤 퍼터 헤드를 볼 뒤에 댄다.

②홀을 쳐다보기 시작하는데, 볼 쪽으로는 시선을 돌리지 않는다.

③스트로크가 끝날 때까지 홀을 본 채 퍼트한다.

🚩 홀을 보고 퍼트한 결과

롱퍼트에서 더 효험이 있었다. 8.5~13m 거리에서 실험한 결과 홀을 보고 퍼트할 경우 볼에서 홀까지의 거리가 71cm 정도 남았다. 그러나 볼을 보고 퍼트할 경우 볼에서 홀의 거리는 93cm나 됐다. 홀을 보고 퍼트 할 때가 24% 정도 볼을 홀에 더 가깝게 붙인 것이다. 1.5~2.5m의 짧은 거리에서는 두 방법이 유의할 만한 차이를 나타내지는 않았지만 역시 홀을 보고 퍼트하는 쪽이 결과가 더 좋았다. 홀을 보고 퍼트할 때가 볼을 약 9cm 더 홀에 접근시켰는데 이는 다음 퍼트를 손쉽게 할 수 있느냐, 가끔 실수할 여지를 남기느냐의 거리로 결코 무시할 만한 것은 아니다.

🚩 홀을 보고 퍼트하는 것이 왜 좋은가

첫째, 뇌의 강점을 이용할 수 있다. 야구에서 투수가 포수의 글러브를 응시한 채 볼을 던지고, 농구에서 링을 바라본 채 슈팅을 하는 것처럼 골프에서 홀을 보고 퍼트하면 홀에 대한 시각적 정보가 뇌에 입력되므로 유리하다. 둘째, 스트로크하는 동안 완벽에 가까운 고요함을 유지할 수 있다. 처음부터 끝까지 홀을 쳐다보고 있으므로 스트로크 도중 고개를 듦으로써 발생할 수도 있는 미동을 피할 수 있다. 볼을 보고 퍼트하면 도중에 고개를 드는 일이 많고 그러면 몸도 움직여 볼의 방향이 틀어질 수 있다. 셋째, 임팩트 후 퍼터 헤드의 감속이 없어진다. 퍼트의 성공 요소 중 하나가 임팩트 직후에도 퍼터 헤드를 가속해주어야 한다는 점이다. 시선이 홀을 향해 있으면 퍼터 헤드는 팔이나 어깨의 움직임에 맡겨지고 이는 갑작스러운 가속이나 감속이 아닌, 자연스런 스피드 컨트롤로 이어진다.

멘탈 포커스 : 퍼트가 안 돼 고민하는 골퍼들은 홀을 보고 스트로크하는 방식으로 바꿔 볼 필요가 있지 않을까. 변화를 두려워하지 않는 사람이 발전도 빠르다.

09 우즈의 퍼트 비결

타이거 우즈는 장타력과 승부욕도 유다르지만, 퍼트도 뛰어나다. 2003 프레지던츠컵 연장전에서 어니 엘스와 명승부를 벌이던 장면을 떠올리면 우즈가 결정적 순간 얼마나 퍼트를 잘하는지 짐작할 수 있다. 우즈의 아버지 얼 우즈는 당시 "아들이 퍼트를 잘하는 이유를 뭐라고 생각하느냐?"라는 질문에 "스트로크하기 전 일정한 루틴을 지키기 때문이다."라고 잘라 말했다. 아들도 아버지의 분석에 고개를 끄덕였다. 우즈는 "메모리얼토너먼트 2라운드 때의 3m 퍼트나 2000년 USPGA챔피언십 72번째 홀에서 연장 돌입의 계기를 마련한 1.8m 버디퍼트나 똑같은 루틴을 따랐다."라고 설명한다.

우즈의 전략

우즈가 볼에 다가간 뒤 퍼트를 하기까지 거치는 루틴은 크게 네 단계로 나뉜다. ①볼에서 좀 떨어져서 두 번 연습 스윙을 한다. ②볼에 다가

가 헤드페이스를 목표라인에 정렬한 뒤 홀을 한 번 쳐다본다. ③정렬한 헤드페이스에 맞춰 두 발의 자리를 잡은 뒤 두 번째로 홀과 라인을 본다. ④마지막으로 홀을 응시한 뒤 백스윙에 들어간다. 물론 이 같은 루틴은 지금도 지켜지고 있다.

AP통신에 따르면 어떤 사람이 2005년 EDS바이런넬슨챔피언십 2라운드 때 우즈의 루틴에 대해 시간을 재보았다고 한다. 4번 홀에서 1.8m 파퍼트를 성공하는 데 걸린 시간은 18.1초, 6번 홀에서 3m 버디퍼트를 성공하는 데 걸린 시간은 18.0초였다. 7번 홀에서는 2.4m 버디퍼트가 홀을 벗어났지만 걸린 시간은 18.2초였다. 우즈가 그린에서 볼에 다가간 뒤 스트로크를 할 때까지 걸린 시간은 18초라고 보면 틀림이 없다. 지금은 고인이 된 그의 아버지 얼은 "매번 똑같은 루틴을 따르려면 자신을 굳게 믿고, 망설임이 없어야 하며, 결과를 순순히 받아들일 수 있는 자세가 돼 있어야 한다."라고 말한다. 결정적 순간 퍼트 성공률에서 우즈가 다른 선수보다 앞서는 것은 일관된 루틴이 중압감 아래서 특히 효험이 있다는 것을 방증한다.

멘탈 포커스 : 우즈와 똑같지 않아도 좋으니 골퍼들마다 고유의 루틴을 정하는 것이 중요하다. 물론 그다음에는 그것을 매번 같은 시간안에 '기계처럼' 반복할 수 있도록 입력해 놓아야 한다.

10 소렌스탐의 퍼트 비결

한때 '골프 여제'로까지 불린 아니카 소렌스탐의 강점은 여럿 있지만, 그 가운데 퍼트를 빼놓을 수 없다. 박세리나 미셸 위는 실패하는 퍼트를, 소렌스탐은 귀신처럼 집어넣는 경우를 수없이 보아왔다. 소렌스탐은 슬럼프를 겪었던 2007년조차도 그린을 적중한 홀에서 홀당 평균 퍼트 수 1.78회로 이 부문 미국 LPGA투어 랭킹 3위를 차지했다. 소렌스탐의 퍼트 비결을 세 부분으로 나눠 요약한다.

스퀘어(square)

이 말의 사전적 의미는 평행 또는 직각이다. 여기에서는 평행을 의미한다. 소렌스탐은 "좋은 퍼트는 몸을 스퀘어로 정렬하고 임팩트 순간 퍼터 페이스를 스퀘어하게 하는 데서 비롯된다."라고 주장한다. 특히 어드레스 때 어깨를 볼을 보내고자 하는 퍼트라인과 평행하게 유지하는 것이 핵심이다.

크로스 핸디드(cross-handed)

어깨를 퍼트라인과 평행하게 하는 데는 왼손이 오른손보다 아래쪽에 위치하는 크로스 핸디드(cross-handed) 그립이 도움이 된다. 이 그립을 하면 두 어깨가 비슷한 높이가 되므로 평행을 유지하기가 더 쉬워진다. 많은 골퍼들이 오른손이 아래쪽에 오는 전통의 리버스 오버랩 그립을 애용하는데, 소렌스탐처럼 가끔은 크로스 핸디드 그립을 통해 어깨와 퍼트라인의 평행을 맞춰보는 것도 필요하다. 퍼터 헤드가 이상적인 진동자처럼 움직이는 것을 느낄 것이다.

어깨를 움직이는 스트로크

손이나 팔보다는 어깨를 움직여 스트로크하도록 하는 데 집중한다. 소렌스탐은 "퍼트가 잘될 경우는 백스윙 때 오른 팔꿈치가 목표 반대 방향으로 똑바로 움직인다."라고 말한다. 어깨로 리드한다는 말이다. 그러면 퍼터 헤드가 퍼트라인상에서 움직이고, 임팩트 순간 퍼터 페이스가 직각으로 볼을 히트할 확률을 높여준다는 것이다.

그늘집TIP

잭 니클로스가 말하는 퍼트의 **11가지** 원칙

▶ 그린을 정확히 읽을 줄 아는 능력과 인내심이 필요하다.
▶ 퍼트 스피드가 퍼트 라인을 결정한다는 사실을 알아야 한다.
▶ 어드레스 때는 편안한 느낌을 가져야 한다.
▶ 눈이 볼 직상방에 위치해야 한다.
▶ 내 경우는 손목과 팔로써 스트로크를 컨트롤 했다.
▶ 앞에 있는 손은 스트로크를 리드하며, 뒤따라 가는 손은 그것을 마무리 할 수 있게 한다.
▶ 어드레스와 임팩트 때 샤프트는 눈에서 수직이 되게 잡는다.
▶ 백스윙과 포워드 스윙 때 퍼터 헤드는 지면과 가깝게 유지한다.
▶ 폴로 스루 때에도 퍼터 헤드가 퍼트 선상을 따라가도록 해야 한다.
▶ 스트로크 하는 동안 머리와 몸이 움직이지 않도록 해야 한다.
▶ 넣을 수 있다고 믿는 긍정적 태도가 가장 중요하다.

롱게임

쇼트게임과 퍼트의 중요성을 강조하다보니 롱게임의 그것은 하찮은 듯하다. 그런데 최근 추세는 그렇지 않다. 미국 PGA투어의 젊은 선수들을 중심으로 '일단 드라이버 샷을 멀리 치고 보자'라는 경향이 뚜렷하다. 티샷을 멀리 보내놓으면, 비록 그곳이 러프라 할지라도 그린까지 거리가 가깝기 때문에 페어웨이에서보다 손쉬운 어프로치 샷을 할 수 있다는 논리이다. '드라이브는 쇼'라는 말에 동의하지 않고 롱게임의 중요성에 공감하는 골퍼들이 늘고 있다.

01 드라이버 샷 거리와 스코어

드라이버 샷 거리와 스코어는 어떤 상관관계를 가질까. 골퍼들은 막연히 장타자들은 단타자 보다 스코어가 좋을 것으로 생각하지만, 과연 그런 지에 대해서는 확신을 갖지 못한다.

미국골프협회(USGA)는 몇 년 전 부설 '리서치 & 테스트센터'에 의뢰해 드라이버 샷 거리와 스코어의 상관관계를 조사한 적이 있다. 조사 대상은 미국 PGA투어 4개 대회의 파4홀. 레이저 측정 장치를 코스 안에 설치해두고 투어 프로들의 어프로치 샷 거리와 스코어를 일일이 조사했다.

이 실험 결과 드라이버 샷이 멀리 나갈수록(어프로치 샷 거리가 짧을수록) 그린 적중률이 높았고, 버디 퍼트의 거리도 짧았다. 이는 물론 스코어가 낮아지는 결과로 나타났다. 예컨대 드라이버 샷이 가장 멀리 나가 어프로치 샷 거리가 109m(120야드) 이내일 경우 선수들의 파4홀 평균 스코어는 3.90타였다. 어프로치 샷 거리가 127~137m(140~150야드)일

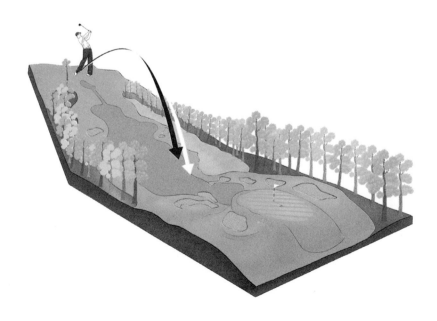

때는 스코어가 3.97타로 0.07타 높아졌으며, 어프로치 샷 거리가 146~
159m(160~175야드)일 경우는 스코어가 4.06타였다. 드라이버 샷이 가장
짧은 선수가 173m(190야드) 이상이 되는 거리에서 어프로치 샷을 할 경우
평균 스코어는 4.20타였다. 최장타자군과 최단타자군의 스코어 차이가 평
균 0.3타에 달한 것이다.

USGA는 또 선수들이 드라이버 샷 거리를 9m(10야드) 늘릴 경우(어프
로치 샷 거리는 9m 짧아질 경우) 40개의 파4홀에서 1.2타가 줄어드는 것으
로 밝혀냈다. 홀당으로 따지면 0.03타이다. 얼핏 유의할 만한 스코어가 아
닌 것으로 보일지 모르지만, 라운드(14개홀 가정)당 0.42타로 결코 무시할
수 없는 결과이다. 투어 프로들의 경우 시즌 전체로 따지면 드라이버 샷
9m 차이가 우승의 관건이 될 수도 있는 셈이다. 비록 프로들을 대상으로
했지만, 이 실험은 드라이버 샷 거리와 스코어는 큰 상관관계가 있다는
것을 계량적으로 입증한 것이다.

파4홀에서 어프로치 샷 거리와 평균 스코어

어프로치 샷 거리	1200야드(109m) 이하	140~1500야드 (127~137m)	160~175야드 (146~159m)	190야드(173m) 이상
평균 스코어	3.90타	3.97타	4.06타	4.20타

※자료 : 미국 PGA투어 프로 기준

02 페어웨이 적중 홀을 8~9개로 유지하라

아마추어 골퍼들은 '거리 늘리기'에 관심이 많다. 그런데 장타자들을 보

면 타고난 데가 있거나, 스윙을 아주 정확히 하거나, 부단히 노력을 하는 것 등의 특징이 있다. 평소 장타와는 인연이 멀었던 골퍼가 어느 날 갑자기 드라이버 샷을 230m 이상 날릴 수는 없는 일이다. 그런 시도를 하다가 볼이 빗맞아 낭패를 본 경험을 해봤음 직하다. 차라리 처음부터 장타 대신 볼을 페어웨이에 떨어뜨리는 데 주력하면 어떨까. 러프는 갈수록 깊어지는 추세가 아닌가.

🚩 페어웨이 적중률

드라이버 샷 페어웨이 적중률은 장타에 비해 과소평가돼왔으나 실상은 그렇지 않다. 통계에 따르면 보기 플레이어들은 한 라운드 드라이버를 14회 쓸 수 있는 홀 가운데 5회 정도 볼을 페어웨이에 떨어뜨린다. 적중률이 35.7%에 불과하다. 평균 81타를 치는 골퍼는 14회 중 8회를 페어웨이에 떨어뜨려 적중률은 57.1%로 높아진다. 2006년 미국 PGA투어 프로들의 이 부문 평균치는 63.5%였다. 14개 홀 중 9개 홀에서 드라이버 샷을 페어웨이에 안착시킨다는 뜻이다.

볼이 페어웨이를 벗어나면 곧바로 그린 적중률 저하로 이어진다. 심한 경우 더블보기, 트리플보기가 나오기도 한다. 그 반면 거리는 동반자들에 비해 10~20m 적게 나가도 볼이 페어웨이에 있으면 그린을 공략하는 데 큰 문제가 되지 않는다. 설령 볼이 그린에 오르지 못해도 다음 샷으로 파를 세이브할 수 있는 기회가 있다.

지난번 라운드 때 드라이버 샷을 페어웨이에 몇 번이나 떨구었는지 되돌아보라. 5~6회 정도였다면 보기플레이 수준을 벗어날 수 없다. 8~9회 수준으로 높여야 안정적인 80타대 스코어에 들어설 수 있다.

⚑ 페어웨이 적중률을 어떻게 높일 것인가

기량 이상의 장타를 내려 하지 말고 평소의 리듬과 템포대로 스윙하는 것이 중요하다. 동반자가 아무리 볼을 멀리 날렸어도 '너는 너, 나는 나'라고 생각해야 한다. 드라이버의 그립을 약간 짧게 잡거나 스푼 등 드라이버 외의 클럽으로 티샷 하는 것도 컨트롤을 높일 수 있는 길이다.

멘탈 포커스 : 장타력과 정확성을 겸비한 골퍼는 없다. 어차피 한쪽에 비중을 더 둘 수밖에 없는 것. 장타자는 아무나 될 수 없는 반면, 교타자가 되는 것은 마음먹기에 달려 있다.

03 드라이버 샷 '캐리' 늘리려면

드라이버 샷 거리를 내려면 우선 '캐리(carry : 떠가는 거리)'가 많아야 한다. 볼의 궤도가 낮아서는 일정 수준 이상으로 거리를 낼 수 없기 때문이다. 캐리가 많으면 도그 레그(dog leg) 구조에서 홀을 가로질러 칠 수 있다. 뒷바람이 불면 그만큼 이점도 있고 비가 올 때에도 유리하다. 이런 것들은 거리상 또는 심리적인 면에서 상대방을 제압할 수 있는 계기가 된다. 캐리를 늘릴 수 있는 방법을 세계적 교습가들은 다음과 같이 설명한다.

⚑ 부치 하먼

임팩트 순간 몸이 볼 뒤에 있어야 한다. 그래야 업스윙 단계에서 임팩트가 이뤄져 최대의 거리를 낼 수 있다. 단, 어드레스 당시부터 몸 중심이 볼 뒤에 있지 않으면 임팩트 시 몸이 볼 뒤에 있을 수 없게 된다는 것을 알아야 한다. 먼저 정상적인 드라이버 샷 스탠스를 취한다. 다음 오른발을 목표 반대쪽으로 조금 옮겨놓는다. 두 발 사이의 간격만 벌어졌을 뿐 발이 목표 라인과 스퀘어를 이루는 것은 변함이 없다. 이런 조정은 머리를 볼 뒤에 있게 해준다. 이때 머리를 목표 반대쪽으로 조금 돌려주는 것도 좋다.

짐 맥린

우선 왼쪽 어깨가 볼 뒤까지 오도록 백스윙하는 것이 좋다. 상체의 꼬임이 완전해야 파워를 낼 수 있기 때문이다. 한 가지 추가한다면 프레드 커플스나 존 데일리처럼 백스윙 톱에서 두 손이 높이 올라가면서 오른팔이 'L자'를 형성해야 한다고 말하고 싶다. 톱에서 손과 팔이 높은 곳에 위치할수록 다운스윙에서 파워를 낼 수 있는 스윙 폭이 커진다.

찰스 소렐

티업을 높게 하라. 볼의 3분의 2 정도가 클럽헤드의 윗부분(크라운)보다 높이 위치하도록 해야 한다. 이러면 업스윙 단계에서 임팩트가 이뤄지고 클럽페이스와 볼이 더 견실하게 만날 가능성이 높아진다. 높게 티업하면 클럽헤드가 땅을 먼저 맞힐 확률도 줄여준다.

뒤땅치기를 하면 페이스가 틀어지고 클럽헤드는 목표 라인을 벗어나면서 미스 샷으로 연결된다.

멘탈 포커스 : 장타를 내는 데도 역시 성급함은 금물이다. 스윙 시작 때의 템포를 끝까지 유지하는 것이 필요하다. 잭 니클로스는 "특히 다운스윙 전 백스윙을 완전하게 하라."라고 조언한다.

프로 골퍼들, **거리 통계** 어떻게 내는가

투어 프로들의 '드라이빙 디스턴스'(거리)는 매 대회, 그리고 대회 기간 매일 산출된다. 보통 한 라운드에 두 홀을 정해 그 평균을 내 발표된다.

두 홀은 경기위원회가 정하는데 대개 방향이 반대로 된 홀을 정한다. 바람의 영향을 상쇄하여 균형있는 데이터를 산출하려는 배려가 깔려 있다. 두 홀은 또 평탄하고 쭉 뻗은 홀을 선정한다. 그래야 비교적 정확히 잴 수 있기 때문이다. 해당 홀 페어웨이 가장자리에는 보통 10야드(9m) 단위로 표시가 돼 있어서 선수들이 티샷을 하면 관계자들이 재빨리 가서 보고 기록을 낸다.

한 라운드 거리는 그 두 홀의 평균치를 내 발표된다. 한 대회 거리는 4일 간의 평균치를 내 발표된다. 티샷한 볼이 페어웨이에 떨어지든, 러프에 떨어지든, 벙커에 떨어지든 상관없이 이 거리는 산출된다.

기록은 '캐리'와 '런'을 더해 볼이 최종적으로 멈춘 곳을 기준으로 산출된다. 또 드라이버를 잡든, 아이언을 잡든 상관없이 산출된다. 가끔 존 데일리의 거리가 최경주보다 적게 나오는 것은 이 때문이다.

2007년 미국 PGA투어에서는 부바 왓슨이라는 선수가 평균 315.20야드(약 287m)로 이 부문 1위를, 타이거 우즈는 302.4야드(약 275m)로 재미교포 앤서니 김과 함께 12위를 기록했다. 장타자 존 데일리는 312.9야드로 2위, 최경주는 284.1야드로 144위였다. 요컨대 우즈는 그 해 투어 측이 잰 홀에서 평균 302야드를 보냈다는 얘기이다.

또 2007년 미국 LPGA투어에서는 카린 쇼딘이 275.80야드(약 251m)로 1위를 달렸으며 이지영이 273.1야드(약 249m)로 2위, 로레나 오초아가 270.6야드로 3위, 로라 데이비스가 268.0야드로 7위를 각각 차지했다. 데일리, 데이비스의 예에서 보듯 내로라하는 장타자들이 실제 대회에서는 반드시 장타 랭킹 1위에 오르는 것은 아니다.

04 OB 뒤의 샷

2007년 한국프로골프 토마토저축은행오픈에서 K프로가 한 파4홀에서 티샷을 여섯 번 OB 낸 끝에 17타를 쳐 화제가 됐다. 바람이라는 변수가 있었지만 너무했다는 생각이 든다. OB를 낸 뒤 그다음 샷은 크게 두가지 패턴으로 나타난다. 하나는 언제 OB를 냈냐는 듯이 아주 잘 치는 것이고, 다른 하나는 또다시 OB를 내는 것이다. 골퍼들은 물론 전자를 원한다.

성급하지 말아야 한다 : OB를 낸 뒤 동반자들이 티샷을 하기도 전에 다음 샷을 하려 드는 골퍼들이 있다. 잭 니클로스는 이에 대해 "전략적으로 졸렬한 일일 뿐 아니라, 에티켓에도 어긋나는 일이다."라고 일침을 놓는다.

이처럼 성급하고 신경질적인 상태는 한 번의 미스 샷을 파국으로 악화시키는 원인이 될 수 있다. 당연히 동반자들이 모두 티샷을 하고 난 뒤 다음 샷을 해야 한다. 호흡을 가다듬을 수 있는 시간과 다음 샷을 신중하게 구상할 수 있는 여유가 생긴다.

ᴗ 페어웨이에서는 그 자리에서 다시 쳐라 : 파4홀 세컨드 샷이 그린 주변 OB로 날아갔다.

이 경우 캐디들은 "그린 옆에 가서 쳐라."라고 권장한다.

규칙에는 없는 사항이지만, 그렇게 할 경우 그린 주변에서 치는 샷은 5타 째로 셈한다.

그럴 필요가 있을까. 세컨드 샷을 한 지점에서 쳐 볼을 그린에 올리면 4온이 되는 상황인 데도 말이다. 파3홀에서 티샷이 OB가 날 경우도 마찬가지 이유로 티잉 그라운드에서 다시 치는 것이 규칙에도 맞고 골퍼에게도 유리하다.

ᴗ 빨리 잊어라 : OB가 난 것을 빨리 잊지 못하고, 다음 홀에 가서도 연연해하는 골퍼들이 있다. 하나도 도움이 안 되는 일이다.

얼른 잊고 다음 샷, 다음 홀 플레이에 집중하는 것이 스코어 관리에 바람직한 일이다. OB가 안 나면 최선이지만, 한 라운드에 한 번 정도의 OB는 누구에게나 찾아올 수 있다고 생각하는 것이 마음을 편하게 하는 길이다.

ᴗ 규칙을 꿰뚫고 있으면 손해를 안 본다 : 원구가 OB 가능성이 있어서 잠정구를 치고 나갔다. 가보니 원구가 OB 말뚝(선) 인근에 멈춰 모호한 상황이다.

OB가 말뚝으로 표시될 경우 가장 안쪽(코스 쪽)이 OB선이다. OB가 선으로 표시될 경우 그 선 자체가 OB선이다.

볼이 OB선에 조금이라도 걸려 있으면 OB가 아니다. 잠정구를 집고 원구로 플레이를 속개할 수 있는 것. 규칙을 알고 모르느냐에 따라 2타가 좌우된다.

05 페어웨이우드 샷 요령

페어웨이우드는 티샷할 때도 쓰지만 페어웨이에서 볼을 멀리 보내고자 할 때 주로 치는 클럽이다. 티업하지 않은 상태에서 페어웨이우드로 볼을 잘 치기는 생각만큼 쉽지 않다. 클럽이 길어 정타를 내기 힘든 데다 라이라도 좋지 않으면 실패로 이어지기 일쑤다. 이 클럽만 잡으면 거리 욕심이 생겨 힘이 들어가곤 한다. 페어웨이우드를 잘 칠 수 있는 길은 없을까.

히트하는 대신 스윙한다는 자세가 필요하다 : 골퍼들은 긴 클럽을 들면 힘이 들어간다. 파5홀에서 2온을 생각하거나 파4홀에서 200m 이상 남은 거리를 단번에 만회하겠다는 생각에서이다. 그러면 서둘러 치는 동작이 나올 수밖에 없다. 백스윙 톱에서 코킹은 풀리고 상체는 앞으로 나오면서 온갖 '악타'를 유발한다. 페어웨이우드 샷은 거리는 클럽 길이가, 띄우는 일은 클럽 로프트가 담당한다고 생각한 뒤 클럽헤드가 볼을 지나간다는 마음가짐으로 부드럽게 스윙해주는 자세가 긴요하다.

임팩트 순간 클럽헤드가 볼과 잔디를 동시에 쓸어 치도록 해야 한다 : 아이언 샷을 할 때 같은 내려치기도 아니고, 드라이버 샷을 할 때처럼 올려치기도 아니다. 임팩트존에서 클럽헤드가 볼에 수평으로 접근하도록 하라는 것이 타이거 우즈의 조언이다. 그러면 클럽 고유의 로프트에 의해 볼은 뜨게 돼 있다. 일부러 쳐올리려는 '스쿠프' 동작은 토핑이나 뒤땅치기로 연결되므로 금물이다.

스윙 궤도를 넓게 해준다 : 샤프트가 긴만큼 백스윙 때 클럽이 몸을 감싸도록 하면서 크게 돌려준다. 쇼트아이언을 칠 때처럼 클럽을 곧장 치켜들면 궤도·템포·리듬이 어긋나 실수로 연결된다. 클럽헤드가 지면에 거의 붙을 정도로 낮게, 그리고 큰 아크를 만들어야 한다. 이 동작은 다운스윙 때 헤드가 볼에 접근하는 '길'과 같도록 하는 것이 중요하다.

멘탈 포커스 : 페어웨이우드 샷에서 큰 실수를 하지 않으려면 그립을 내려잡는 수도 있다. 이러면 간혹 거리가 몇 미터 짧아지겠지만 평균적으로 봤을 때 더 멀리 나가고, 미스샷도 적어지며, 정확도도 높아진다. 물론 심리적으로도 편안하다.

06 티잉 그라운드 활용 방법

티샷이 잘 맞으면 어쩐지 그 홀 스코어가 좋을 듯한 예감이 든다. 그처럼 중요한 티샷은 티잉 그라운드를 얼마나 잘 살피고, 어떻게 활용하느냐에 따라 결과가 달라지기도 한다. 골퍼들이 플레이 중 유일하게 스탠스와 라이를 자유자재로 선택할 수 있는 곳이 바로 티잉 그라운드이다.

　티 마커 방향 확인은 필수다 : 무엇보다 두 개의 티마커가 페어웨이 복판을 향하고 있는지 살펴야 한다. 티마커가 페어웨이가 아닌 러프를 향해 있어 티샷이 똑바로 갔는데도 볼이 러프에 떨어져 낭패를 본 경험이 있을 것이다. 특히 그린이 두 개인 골프장에서 매트(멍석)를 사용하는 겨울철에 티마커 방향 확인은 필수적이다.

　티를 꽂는 지점과 스탠스를 취하는 지점은 평평해야 한다 : 경사가 졌다거나 스탠스가 뒤뚱거리거나 하면 쓸데없는 신경이 쓰이게 마련이다.

두 티마커를 연결한 선과 각 티마커에서 뒤로 두 클럽 길이의 선으로 이뤄진 장방형의 티잉 그라운드를 세심히 살핀 뒤 가장 이상적인 곳에 티업하는 습관을 들여야 한다.

◡ 이왕이면 티잉 그라운드 앞쪽보다 조금 뒤쪽이 낫다 : 앞쪽을 고집하다 보면 자신도 모르게 볼 위치가 티잉 그라운드를 벗어날 수도 있다. 또 대부분의 골퍼들이 앞쪽을 선호하기 때문에 지면 상태도 안 좋게 마련이다. 한두 걸음 뒤로 가면 깨끗한 잔디 위에 티업할 수 있다.

◡ 구질이나 트러블 위치에 따라 티업 장소를 결정한다 : 예컨대 '슬라이서' 라면 티잉 그라운드 오른쪽에 티업한 뒤 페어웨이 왼쪽을 겨냥하고, '후커'라면 그 반대로 하는 것이 페어웨이 안착률을 높인다.

트러블이 코스 오른쪽에 있으면 티잉 그라운드 오른쪽에 티업한 뒤 왼쪽을 겨냥하는 것도 트러블을 피해가는 길이다.

◡ 티잉 그라운드를 거리 조절 수단으로 삼는 것도 생각해볼 만하다 : 특히 파3홀에서 그렇다. 예컨대 홀까지 115m여서 '8번 아이언이냐, 9번 아이언이냐'로 고민될 때 8번 아이언을 잡고 티잉 그라운드 뒤편(최대 약 2.2m)에서 티업하면 어느 정도 거리를 맞출 수 있다. 티잉 그라운드를 넓게 쓰다 보면 깃대 위치에 따라 거리가 미세하게 달라지는 상황도 커버할 수 있다.

멘탈 포커스 : 한 홀의 스코어 메이킹은 티잉 그라운드에서 시작된다. 티샷하기 전 이 그라운드를 유심히 관찰하는 골퍼는 한 걸음 앞서 가는 골퍼라고 할 수 있다.

---

07 소렌스탐의 3번 우드 티샷 요령

대부분 아마추어 골퍼들은 파4, 파5홀에 이르면 무심결에 드라이버를 빼든다. 고쳐야 할 선입관이다. 티샷 낙하지점이 좁거나 그 좌우에 해저드가 있을 경우 3번 우드(스푼) 티샷을 고려해볼 만하다.

길이가 300m가 안 되는 짧은 파4홀에서도 3번 우드 티샷은 전략적 선택이 될 수 있다. '골프 여제' 아니카 소렌스탐은 3번(또는 스트롱 4번) 우드 티샷을 자주 한다.

정확성을 최우선으로 삼아라 : 3번 우드 티샷을 하는 것은 '컨트롤'을 높이기 위해서이다. 요컨대 볼을 페어웨이에 떨어뜨리는 것이 주목적이다. 정확성이 우선인데도, 드라이버 샷만큼 멀리 보내려고 힘껏 스윙하는 골퍼들이 더러 있다.

그렇게 하여 똑바로, 멀리 보낼 수 있다면 좋겠지만, 그렇지 않은 경우가 많다. 3번 우드를 잡은 목적을 잊지 말아야 한다.

티 높이에 주의하라 : 드라이버 샷을 할 때는 티 높이에 신경 쓰는 골퍼들도 3번 우드 티샷 때는 그렇지 않은 수가 있다. 3번 우드 티샷도 엄연히 티샷이다. 티 높이에 세심한 주의를 기울이지 않으면 볼이 하늘로 치솟거나, 원하는 높이를 내지 못하고 데굴데굴 굴러버린다.

3번 우드 티샷 때 티 높이는 드라이버 샷을 할 때의 원칙을 따르면 된다. 헤드 상단(크라운) 위로 볼의 절반 정도가 보이도록 하면 된다. 또 어드레스 때 볼 위치는 드라이버 샷을 할 때보다 1인치 정도 뒤쪽에 놓는 것이 바람직하다.

60%의 힘으로 스윙하여 균형을 유지하라 : 드라이버 샷 낙하지점에 벙커나 워터해저드가 있으면 주저 없이 3번 우드를 빼든다. 트러블 때문에 걱정스러운 마음으로 티샷하는 것보다는 그 편이 훨씬 편하기 때문이다.

세컨드 샷이 길어지는 것은 그다음 문제이다. 샷은 한 번에 하나만 생각하면 된다.

티샷용 클럽을 선택했으면 무리하게 그 클럽의 '최대 거리'를 내려고 하지 마라. 드라이버든 스푼이든 웨지든, 모든 클럽은 하나의 스피드로 스윙해야 균형을 잡을 수 있다. 그 스피드를 1~10으로 나눴을 때 6의 크기로 스윙하라고 권장하고 싶다.

PART 3
최후의
승자가
되기 위한
골프 습관

마인드 게임

골프는 흔히 '마인드 게임'이라고 한다. 그만큼 정
신적·심리적 요인이 스코어에 영향을 많이 미친
다는 말이다. 어떤 이는 '골프는 10%가 테크닉이
고, 90%는 멘탈리티에 좌우된다'라고 말하기까지
한다. 최경주가 미국 PGA투어에서 잘하는 이유도
마인드 게임에서 그 원인을 찾는 사람이 있다. 독
실한 크리스천인 그이기에 게임이 안 풀릴 때에
도 고비를 잘 넘길 수 있다는 것이다. 마음을 다스
리지 못하면 성공한 골퍼가 될 수 없다.

01 숫자 43을 기억하라

골프는 '숫자 게임'이다. 스코어에서부터 벌타, 코스의 파에 이르기까지 숫자를 빼놓고는 골프를 이야기할 수 없을 정도이다. 그 숫자 가운데서도 골퍼들이 반드시 알아야 할 것이 바로 43이다. 43의 첫 번째·두 번째 의미는 퍼트, 나머지 하나는 드라이버 샷 정확도와 상관이 있다.

43의 첫 번째 의미는 퍼트가 전체 스코어의 43%를 차지한다는 것이다. 90타를 치는 보기 플레이어의 경우 43%, 즉 38~39타가 퍼트로 이뤄진다는 뜻이다. 이는 퍼트가 우드나 아이언, 웨지플레이 등보다 월등히 중요하다는 것을 말해준다. 당연히 연습 비중도 전체의 절반가량을 퍼트에 할애해야 한다는 것을 함축한다. 두 번째 의미는 퍼트할 때 그 세기를 볼이 홀을 43cm(17인치) 지나칠 정도로 치라는 얘기이다. 미국의 유명한 골프 교습가 데이브 펠즈가 실험을 통해 밝힌 것인데, 그 세기로 쳤을 때 홀인 확률이 가장 높았다. 아마추어 골퍼들

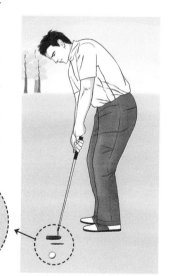

은 5m 이내의 중·단거리 퍼트를 할때 볼이 홀을 43cm 지나칠 정도의 세기로 치는 것이 성공 가능성을 높일뿐더러 3퍼트를 줄이는 길임을 알아야 한다. 43cm가 머리에 확 들어오지 않으면 일반적 퍼터(약 34인치)의 절반에 해당하는 길이로 생각하면 쉽게 이해할 수 있다. 단, 먼 거리의 퍼트는 예외다.

그때는 볼을 무조건 홀 주변 1퍼트 거리에 붙이는 것이 더 바람직하다. 43의 세 번째 의미는 드라이버 샷 정확도와 관련된 것이다. 골퍼들은 보통 한 라운드에 드라이버를 14회 잡는다. 4개의 파3홀을 제외한 나머지 홀에서는 무의식적으로 드라이버를 빼든다. 그런데 90타대의 벽을 깨고 89타를 치려면 14회 가운데 적어도 6회는 볼을 페어웨이에 떨어뜨려야 한다. 이른바 드라이버 샷 페어웨이 안착률이 43%는 돼야 보기 플레이어 딱지를 뗄 수 있다는 의미이다. 4-3은 두 홀에서 파-버디를 했다는 것을 의미하는 것 같아 보기에도 좋다. 골프를 하는 한 이 숫자를 기억해두자.

02 버려야 할 고정관념

고정관념과 골프 스코어는 어떤 상관관계가 있을까. 계량적으로 입증할 만한 데이터는 없지만, 고정관념이 스코어 향상에 한계선을 그을 것이라는 짐작은 가능하다. 매 시즌 초엔 '고정관념에서 벗어나자'라고 다짐하는 골퍼들이 많을 것이다. 다음 중 해당되는 것이 있다면 다시 한번 생각해 볼 일이다.

◦ 클럽은 반드시 14개를 갖고 다닌다 : 잘 치지 못하는, 최근 잘 맞지 않는 롱아이언이나 우드를 꼭 번호대로 다 갖고 다니지는 않는가. '바든 그립'으로 유명한 해리 바든(1870~1937, 영국)은 7개의 클럽만으로도 브리티시오픈에서 여섯 번이나 우승했다. 초보자들은 하프세트로도 충분하다. 클럽 개수가 적으면 임기응변 능력을 키울수 있고, 하프·스리쿼터 스윙 등 상상력을 동원한 샷 능력을 기르는 데도 도움이 된다.

◦ 한 라운드에 드라이버를 14회 쓴다 : 파4, 파5홀 티샷은 무작정 드라이버로 한다고 생각하지 않는가. 가장 치기 어려운 클럽을 14회 다 쓸 필요는 없다. 파에 비해 거리가 짧은 홀이나 몸이 풀리지 않은 첫 홀 등지에서는 다른 클럽으로 티샷하는 것을 고려해볼 만하다.

◦ 파5홀 세컨드 샷은 반드시 우드로 한다 : 티업이 안 된 볼을 우드로 치기란 쉽지 않다. 라이가 아주 좋을 경우가 아니라면, 어차피 그린에 올리지 못한다면, 아이언으로 세컨드 샷을 하는 것이 파에 근접하는 길이다.

◦ 매 홀 레귤러온을 노린다 : 프로들도 18개 홀 중 정규 타수로 볼을 그린에 올리는 것은 11~12개 홀에 불과하다. 90타대 이상을 치는 골퍼들에게 레귤러온은 먼 목표이다. 홀까지 6번 아이언 거리(약 120~140m) 이하가 남았을 경우에만 곧바로 그린을 노리고, 그 이상이면 다음 샷을 하기 좋은 그린 근처에 볼을 갖다놓는다는 자세는 어떤가.

◦ 그린에서는 브레이크를 파악하는 데만 온 신경을 쓴다 : 그런 다음 정작 중요한 스피드는 대충 감에 의존한다. 순서가 거꾸로 됐다. '퍼트는 스피드를 먼저 결정한 뒤 그에 맞춰 브레이크를 감안하라'라는 것이 정설이다.

◦ 매번 '내기'를 한다 : 내기를 걸지 않고 플레이하면 마음을 비울 수 있고, 자신이 하고 싶은 대로 샷을 할 수 있다. 골프에 이끌리지 않으며, 골프의 영역이 그만큼 넓어진다.

03 실수 다음 샷에 최대한 집중을

골프에서 중요하지 않은 샷은 없다. 한 타 한 타가 모두 스코어로 연결되기 때문이다. 그런데 골퍼들이 한 라운드 90회 안팎의 스윙을 하면서 매 샷 100% 집중하기는 힘든 일. 그렇다면 차선으로 고도의 집중이 필요한 샷을 골라 그것에 초점을 맞추는 것도 스코어를 낮추는 방법일 것이다.

그늘집 TIP

골퍼들이 가장 싫어하는 골프 규칙 7가지

▶ **OB가 났을 때 '스트로크와 거리의 벌'을 동시에 주는 것** : 벌타 없이 그냥 다시 치게 하거나(2타째), 1벌타 후 OB지역 인근에서 치도록 개정돼야.

▶ **그린의 스파이크 자국 수리를 못 하는 것** : 앞조 골퍼나 동반 플레이어가 남긴 스파이크 자국 때문에 피해를 본다는 것은 이치에 맞지 않으므로 퍼트 선의 자국은 수리할 수 있게 개정돼야.

▶ **디보트 자국이나 발자국에 빠진 볼을 그냥 쳐야 하는 것** : 이 역시 자신의 의지나 기량과는 상관없는 일이므로 구제를 받도록 개정돼야.

▶ **벙커 내 돌멩이를 치우지 못하는 일** : 지금은 로컬룰이 있으면 치울 수 있으나, 미국 등 대부분 지역에선 아직도 그냥 쳐야 한다. 부상 위험이 있으므로 아예 치우고 칠 수 있도록 개정돼야.

▶ **그린 밖 스프링클러 덮개가 플레이 선에 있을 경우 구제받지 못하는 것** : 퍼터로 처리하는 골퍼들도 있으므로, 그럴 경우 구제받을 수 있도록 개정돼야.

▶ **워터해저드(노랑 말뚝)에 볼이 빠질 경우 대부분 해저드 뒤에서 쳐야 하는 것** : 지면에 맞고 뒤로 구르거나 옆으로 굴러 들어갈 경우엔 '래터럴 워터해저드'처럼 그 인근 두 클럽길 이내에 드롭하고 치도록 개정돼야.

▶ **스코어를 실제보다 적게 적으면 실격되는 것** : 프로들 사이에서 개정 여론이 높다. 실제로 프로들이 대회에서 실격당하는 이유 중 가장 많은 부분을 차지하는 것으로 실격보다 낮은 수준으로 개정돼야.

◡ 첫 홀 티샷 : 그날 라운드의 성패를 좌우할 수 있는 샷이다. 거리보다는 페어웨이 적중을 노려라. 머리를 곧 들지 않고 평소의 리듬대로 스윙하면 80%는 성공한다.

◡ OB·워터해저드 다음 샷 : OB나 워터해저드에 볼이 날아가는 것은 피할 수 없다. 문제는 그다음. 그 홀을 포기해버리기보다는 그다음 샷에 최선을 다하면 더블보기나 보기도 가능하다.

◡ 잘 맞은 드라이버 샷 뒤 세컨드 샷 : 드라이버 샷이 아주 잘 맞았다. 홀까지는 쇼트아이언 거리. 이 경우 세컨드 샷을 서둘러 하려거나 방심한 나머지 낭패를 당하는 수가 많다.

◡ 굿 어프로치 샷 다음의 마무리 퍼트 : 그린 주변이나 벙커에서 한 쇼트 어프로치 샷이 홀 1m 이내에 떨어졌을 경우 마무리 퍼트를 잘해 파를 세이브해야 어프로치 샷을 잘한 보람이 있고 상승 분위기를 이어갈 수 있다.

◡ 파5홀 세컨드 샷 : 드라이버 샷이 좋아 세컨드 샷만 잘 치면 그린 주변까지 볼을 보낼수 있는 상황. 이 경우 대개 2온 욕심에 우드를 꺼내 들고, 그러다보면 힘이 들어가게 마련이다. 결과는 토핑이나 뒤땅치기. 어차피 3온이라면 미드 아이언으로 클린히트를 노리는 편이 낫다.

◡ 실수 다음 샷 : 토핑이나 뒤땅치기, 벙커 탈출 실패, 숲 속으로 들어간 샷 등은 그 자체보다는 다음 샷이 더 중요하다. 실망한 나머지 포기하지 말라는 뜻이다. 똑같은 실수를 되풀이하지 않도록 주의해야 한다.

◡ 1~2m 버디 퍼트 : 한 라운드에 한 번 나올까 말까 한 찬스이다. 버디가 나오면 스코어 관리가 그만큼 쉬워지게 마련이다. 이 상황에서는 퍼트 라인을 꼼꼼하게 파악하고 스트로크 결과를 '귀로 확인한다'는 자세로 임하는 것이 중요하다.

04 자존심을 버려야 할 때

자존심 때문에 1~2타를 '허비'하는 경우가 있다. 골프에서 자존심은 주로 클럽 선택과 규칙 적용을 할 때 관계되는데, 필요 없는 자존심은 내세우지 않는 것이 현명하다. 자존심을 버리고 현실적이어야 하는 때는 언제인가.

골프 규칙

볼이 카트 도로나 배수구 등 움직일 수 없는 인공 장애물에 걸렸을 때 그냥 치는 골퍼들이 있다. 규칙상 구제를 받을 수 있는 상황인데도 장애물 위에 스탠스를 취하고 샷을 한다. 이는 미스 샷을 자초하는 것이나 다름없다. 골프는 라이가 좋은 평지에서 해도 어려운 스포츠이다. 짧은 퍼트를 남겼을 때 순서를 어기고 먼저 홀아웃하려다가 실수하는 사례도 종종 볼 수 있다.

마크하는 것이 번거롭고 '저 정도야 못 넣겠느냐'라는 자존심 때문이겠지만 동반자들은 실수를 봐주지 않는다. 조금이라도 미심쩍으면 마크한 뒤 순서대로 퍼트하는 것이 어이없는 실수를 막는 길이다.

클럽 선택

동반자들이 드라이버를 잡는다고 해서 자신도 드라이버로 티샷하는 일이 많다. 그러나 몸이 풀리지 않은 첫 홀이나 파에 비해 길이가 짧은 홀에서는 굳이 드라이버를 잡을 필요가 없다.

페어웨이우드나 롱아이언으로 티샷을 하는 것이 결과 면에서 나을 때

가 많다. 그 반면 긴 파3홀에서 동반자들이 아이언을 잡는다고 해서 무작정 자신도 아이언을 꺼내는 일은 '이웃 따라 장에 가는 것'과 다름없다. 볼을 띄워야 하고 롱아이언이 힘에 부치면 페어웨이우드를 잡는 것이 바람직하다.

장타자가 아니라면, 홀이 170m 이상으로 길고 맞바람이 불 때는 드라이버 티샷을 하는 것을 부끄럽게 생각해서는 안 된다.

그린 프린지에서 퍼터로 치는 것을 수치스럽다고 여기는 것도 잘못된 생각이다. '웨지 샷의 명수'인 필 미켈슨도 2004마스터스 때 프린지에서는 거의 퍼터로 샷을 했다. 아마추어들이 본받을 만하다. '최악의 퍼트가 최선의 칩샷보다 낫다'라는 말이 있다. 손에 쥐고 있는 클럽이 맘에 들지 않는데도 플레이가 지체될까봐, 캐디한테 다시 말하기가 미안해서, 그냥 그 클럽으로 샷을 하는 것도 바람직한 자세는 아니다.

05 스코어를 허비하는 경우

아마추어 골퍼들이 뜻하지 않게 스코어를 허비하는 경우는 크게 세 가지이다. 볼이 벙커에 빠지거나, 그린 주변에서 어이없는 뒤땅치기를 하거나, 그린에서 3퍼트를 하는 것이다. 이런 상황은 조금만 조심하면 피할 수 있다. 18홀 라운드 중 이 세 가지 상황을 가능하면 맞닥뜨리지 않는 길은 없을까.

🏌 벙커행을 피하려면 한 클럽 길게 잡아라

어프로치 샷을 한 볼이 좌우로 크게 빗나가 그린사이드 벙커에 빠지는 일은 어쩔 수 없다. 그러나 방향은 좋은데 샷이 짧아서 그린 앞 벙커에 빠지면 황당해진다.

벙커에서 1~2타를 잃다보면 스코어는 금세 더블보기나 트리플보기가 돼버린다. 특히 깃대가 앞쪽에 꽂혀 있을 경우 어프로치 샷을 깃대에 붙이려고 짧게 치다가 볼이 벙커에 들어가는 일이 잦다. 깃대 위치에 상관없이, 그린 앞이나 좌우에 벙커가 있으면 캐디가 권하는 클럽보다 한 클럽 긴 것을 잡아라.

그것이 벙커행을 막는 길이다. 샷이 길어서 그린을 벗어나더라도 최악이 '보기'이다.

🏴 뒤땅치기 막으려면 실력 이상의 샷 시도하지 마라

볼을 높이 띄워 홀 앞에 사뿐히 멈추게 하는 샷을 그려보지 않은 골퍼는 없을 것이다. 그러나 그것은 실력이 뒷받침돼야 한다. 부단한 연습을 통해 이뤄지는 것. 볼에서 홀에 이르는 플레이 선에 벙커나 워터해저드가 없는데도 매번 볼을 띄워 치는 골퍼들이 있다. 띄워 치는 것은 굴려 치는 것보다 어렵다. 띄워 치려다가 조금이라도 빗맞으면 볼은 턱없이 짧거나 목표를 훌쩍 넘어버린다. 칩샷도 마찬가지이다. 홀에 너무 붙이려는 나머지 실수(특히 뒤땅치기)를 하는 일이 많다. 쇼트 어프로치 샷은 볼을 그린에 올려 2퍼트로 홀아웃 한다는 자세로 임하면 낭패는 안 당한다.

🏴 3퍼트 안 하려면 거리 맞추기에 집중하라

5~10m 거리에서 3퍼트를 하는 것은 세기(스피드)를 맞추지 못하기 때문이다. 5m 안팎 퍼트는 버디 욕심으로 너무 세게 치거나, 10m 퍼트는 볼을 홀에 붙이기만 할 요량으로 너무 소심하게 친 결과이다. 또 브레이크 파악에 골몰하다가, 정작 퍼트 세기는 소홀히 한 결과일 수도 있다. 중·장거리 퍼트에서는 방향보다 거리에 신경을 써야 3퍼트를 막을 수 있다. 퍼트의 경사나 라인을 보는 데 10초를 들였다면, 퍼트 스피드에 대한 감을 잡는 데 20초 이상을 할애하자.

06 중압감 심할 때의 샷

아마추어 골프 세계에서도 중압감이 극도에 달하는 순간이 있다. 누적된 스킨의 주인공을 가릴 때, 그 홀만 잘 넘기면 생애 베스트스코어를 내는 경우, 눈앞에 위협적인 트러블이 가로놓여 있을 때 등이다. 이런 때는 손에 땀이 나고, 스윙도 빨라지게 마련이다. 압박감이 심할 때 어떻게 해야 할까.

🚩 티샷

보통 때 같으면 드라이버를 잡더라도, 중압감이 짓누를 때는 생각을 바꿔보자. 장타보다는 볼을 페어웨이에 떨어뜨리는 것이 급선무이다. '200m의 숲보다 180m의 페어웨이가 낫다'라는 말이다. 3번 우드도 좋고, 5번 우드라도 상관없다. 드라이버보다 자신 있는 클럽으로 티샷을 하면 페어웨이 적중률을 높일 수 있고 다음 샷으로 승부를 걸 수 있다. 파3홀은 거리가 150m 이상으로 길 때 문제가 된다. 롱아이언은 정확히 임팩트하지 않으면 거리·방향 모두 놓칠 수 있다. 롱아이언보다 우드가 더 치기 편하다면, 주저없이 우드 티샷을 한다. 자존심은 필요 없다. 그린 주변이 벙커투성이일 경우 아예 레이업을 하는 것도 한 방법이다. 짧은 클럽으로 볼을 그린 앞에 보낸 뒤 어프로치 샷으로 승부하면 보기 이상은 나오지 않는다.

🚩 워터해저드 넘기는 샷

해저드를 넘기려면 캐리로 115m는 날려야 한다. 클럽 거리는 8번이 120m, 7번이 130m, 6번이 140m이다. 이 경우 8번 아이언으로도 해저드를 넘기겠지만, 잘못 맞을 경우 등 만약의 사태에 대비해 7번 아이언을 잡는 것이 안전한 길이다.

쇼트 어프로치 샷

긴장될수록 쇼트게임 실수도 많아지게 마련. 볼과 홀 사이에 장애물이 없어서 굴려 칠 수도, 띄워 칠 수도 있는 상황이라고 하자. 이때 프로처럼 사뿐히 띄워 치려다가 실수하는 일이 잦다. 아마추어들은 피치·로브 샷 보다 칩샷에 더 익숙하다. 로프트가 작은 클럽, 그중에서도 평소 손에 익은 클럽으로 굴려 치는 것이 중압감을 떨치는 길이다.

꼭 넣어야 하는 퍼트

퍼터 헤드와 볼의 접촉에만 신경을 쓰고 결과는 하늘에 맡긴다는 자세가 필요하다. 귀로 결과를 확인하는 것이다. 물론 그러면 헤드업도 막을 수 있다.

프로들은 어떤가

프로 골퍼들이 강조하는 중압감 탈출구는 두 가지로 요약된다. 샷하기 전 행하는 일련의 동작인 '프리 샷 루틴'을 철저히 지키는 일, 그리고 가능하면 '자신 있는 클럽으로 샷하기'이다.

07 슬럼프 탈출 요령

코스 상태나 날씨가 나무랄 데 없이 좋은데도 스코어는 기량만큼 나오지 않는 골퍼들이 많다. 심지어 슬럼프에 빠져 있는 골퍼들도 있다. 그런 사람들은 대개 스윙이 크게 잘못돼 있기보다는 일시적으로 스윙에 대한 감(리듬·템포 등)을 잃어버린 경우가 많다.

먼저 토미 아머(1927년 US오픈, 1930년 USPGA선수권, 1931년 브리티시오픈 챔피언)의 말을 소개한다. 아머는 슬럼프에 빠진 골퍼들에게 "8번 아이언 하나만 갖고 연습하라."라고 조언한다. 이 방법은 특히 '하이 핸디 캐퍼'들이 슬럼프에서 빨리 벗어나 자신감을 갖게 해주는 것으로 평가된다.

8번 아이언 하나로만 치면 거리에 대한 집착이 없어진다. 드라이버나 페어웨이우드 등 긴 클럽으로 연습하면 거리 욕심으로 스윙에 힘이 들어가게 마련. 그러다 보면 '스윙이 제대로 되느냐 안 되느냐'라는 부차적인 문제로 전락하고 만다.

슬럼프 탈출구와는 반대 방향인 것이다. 8번 아이언은 길이가 짧은 편이다. 초보자라도 볼을 헤드 가운데에 맞히는 데 큰 어려움이 없다. 잃어버린 스윙과 템포를 쉽게 되찾을 수 있다.

쇼트아이언에서 얻은 자신감은 그다음 긴 클럽을 칠 때도 이어질 것이 분명하다. "우드를 가지고 하루 동안 배울 수 있는 것보다 쇼트아이언을 가지고 15분 동안 배울 수 있는 것이 더 많다."라는 말이 있는데 아머의 '한 클럽 연습 방법'과 무관하지 않다.

꼭 8번 아이언이 아니라도 상관없다. 지금 슬럼프라고 생각되면 자신 있는 클럽(단, 비교적 짧은 클럽) 하나만 들고 연습장으로 가라. 30분이고, 한 시간이고 그 클럽으로만 집중 연습하다 보면 슬럼프 탈출의 힌트를 얻을 수 있을 것이다.

프로 골퍼 게리 플레이어와 골프 교습가 데이비드 리드베터는 "너무 많은 이론에 집착해 있을 때도 샷이 안 된다."라며 "스윙할 때나 라운드할 때 딱 한 가지만 염두에 두는 것도 부진에서 벗어날 수 있는 길이다."라고 지적한다.

멘탈 포커스 : 슬럼프는 기량·심리적 요인이 동시에 작용한 결과일 때가 많다. 두 가지를 한꺼번에 해결할 수 있는 것은 자신감이다. 골프를 얕보는듯한 지나친 자신감은 문제이지만, '굿샷을 할 수 있다'는 적절한 자신감은 슬럼프 탈출에 도움이 된다.

08 매 시즌 후엔 1년을 되돌아보길

'이유 없이 안 되는 것이 골프'라고 하지만, 골퍼들은 매 시즌 끝 무렵엔 한 번쯤 자신의 골프를 되돌아보는 것도 헛된 일은 아니다. 그 이듬해 스코어를 더 낮추기 위해서라기보다는 현재보다 퇴보하지 않기 위해서 말이다.

ⵥ 샷이 안 되었는가 : '기본'이 부족했다고 볼 수 있다. 새해에는 연습장에도 가고, 코치한테 지도를 받아야 하지 않을까 한다. 기본에서 일탈한 '독학'은 오히려 해가 될 수 있다. 특히 샌크나 벙커 샷 공포로 핸디캡을 낮추지 못한 골퍼들은 집중 레슨이라도 받아볼 만하다.

ⵥ 퍼트 때문에 재를 뿌리곤 했는가 : 골프 스코어의 43%는 퍼트 몫이다. 겨울에는 '퍼팅 매트'를 하나 사 집 안에 놓고 매달려보자. 하루 1분이라도 좋다. 퍼트는 골프 샷 중 유일하게 혼자서 해도 경지에 오를 수 있는 부문이다. '연습장에는 못 가더라도 퍼트만큼은 내가 제일'이라는 자부심은 큰 힘이 된다.

⌣ 준비가 부족하지 않았는가 : 첫 티샷을 하기 전의 과정, 1주일 만의 라운드를 위한 준비야말로 골퍼들이 신경 써야 할 부분이다. 매번 헐레벌떡 골프장에 도착하고, 라운드 전날 밤늦게까지 술을 마시는 골퍼라면 아예 스코어 욕심을 버리는 편이 낫다.

⌣ 게임 매니지먼트에 빈틈은 없었는가 : 잘 나가다가 마지막 두세 홀에서 무너지곤 하는 골퍼들에게는 공통점이 있다. 스코어를 의식한 나머지 평정심을 잃는다는 것이다. 후반엔 아예 스코어카드를 거들떠보지 않는 편이 더 도움이 될 수 있다.

동반자들이 '더블·트리플보기' 위기에 처했을 때 '방심'으로 함께 무너진 적이 있다면, '우정'은 100점이 될지언정 매니지먼트는 0점에 가깝다. 그런 때일수록 자신을 다잡아 확실히 제압해야 한다.

⌣ 전략이 매번 '전(前)과 동(同)'은 아니었는가 : 티잉 그라운드에서는 무작정 드라이버 티샷을 하고, 어프로치 샷은 무조건 깃대를 겨냥하며, 라운드 할 때는 반드시 내기를 하는 골퍼들이 대부분이다. 그렇지만 '발상의 전환'이라는 것도 있다.

티샷은 3번 우드나 롱아이언으로도 할 수 있다. 깃대가 그린 가장자리에 꽂혀 있으면 그린 중앙을 겨냥하라는 것이 프로들의 한결같은 조언이다. '내기 체질'이 아닌 골퍼들은 가끔 내기에서 탈퇴해 부담 없이 쳐보는 것도 '골프의 신세계'에 이르는 길이다.

골퍼들이 하는 말 – **겉** 다르고 **속** 다르고

골프에서 동반자들은 한 라운드를 함께 하는 '골프 친구'이기도 하지만, 게임에서 상대해야 할 '적'이기도 하다. 그래서 동반자들의 말 한 마디는 '이중적'인 뜻을 함유하고 있는 수가 많다. 미국 〈골프다이제스트〉에 실린 골퍼들이 '한 말'과 그것이 '실제 뜻하는 바'는 이렇다.

▶**잠정구를 치는 게 좋겠다** : 말은 그렇게 해도 그 속내는 '셰르파(고산 지역에서 등산인의 짐을 날라주고 수고비를 받는 짐꾼)가 와도 당신의 티샷을 찾지는 못할 것이다'라는 뜻을 담고 있다. '잠정구' 얘기가 나오면 원구를 찾을 확률보다 찾지 못할 확률이 높다고 생각하는 편이 마음 편하다.

▶**누가 먼저 쳐야지?** : 동반자와 엇비슷한 퍼트 거리를 남겼을 때 "네가 먼저 쳐라."라고 직설적으로 말하는 것보다 "누가 먼저 쳐야지?(Who's away?)"라고 에둘러서 물어본다. 그 뜻은 '내가 가깝다는 것을 알고 있다. 그러니 네가 먼저 쳐라. 그래야 네가 치는 것을 보고 퍼트라인의 브레이크를 알 수 있지 않겠냐'라는 것이란다.

▶**나이스 샷!** : 동반자의 샷에 대해 "나이스 샷!"이라고 외치지만 속뜻은 '잘 쳤어, 자식아!' 또는 '잘 쳤어, 임마(Nice shot, jerk)'라는 비아냥거림이 들어 있다고 한다.

▶**벨리 퍼터를 쓴 지가 얼마나 됐냐?** : 그립 끝을 복부에 대고 퍼트하게끔 돼 있는 '벨리(belly) 퍼터'와 길다란 롱 퍼터를 써도 규칙상 하자가 없으나 골프계에선 '금지해야 하는 것 아니냐'는 논란이 지속되고 있다. 동반자가 그렇게 묻는다고 곧이곧대로 "몇 개월 됐지."라고 말하는 것은 순진한 골퍼이다. '다른 스포츠에서도 속임수를 쓰느냐'는 뜻이란다.

▶**들어가지 마라!** : 플레이 선에 워터해저드가 있다. 친 샷이 낮게 날아간다. 까딱 잘못하면 물에 빠질 수 있는 상황. 이때 동반자가 "들어가지 마라!(Get up!)"라고 외친다. 그러나 그 말뜻은 '물속에 빠져버려라!(Get in the water!)'라는 것이라고 한다.

게임 매니지먼트

골프가 '두뇌'와 관련이 있을까. 다른 어느 스포츠보다도 '머리싸움'이 치열한 것이 바로 골프일 것이다. 그 두뇌 싸움은 매니지먼트에서 드러나게 마련이다. 매니지먼트를 잘하는 골퍼는 자신의 역량을 100% 발휘할 것이지만, 그렇지 못한 골퍼는 50%도 써먹지 못하고 때늦은 후회를 한다. 매니지먼트는 전략이나 마인드 게임과도 연관이 될 법하다. 매니지먼트를 잘하고 못하고에 따라 아마추어는 1~2타가, 프로는 우승이냐 커트 탈락이냐가 가름된다고 하면 비약일까?

01 잭 니클로스의 '골프 잘하는 법'

"자신의 능력을 잘 알고 치면 된다. 핸디캡이 18이면 이를 정확히 알고 자신의 게임을 하면 곧바로 5타 이상 줄일 수 있다. 나 역시 현역 시절 내 능력을 알고 쳤기 때문에 좋은 성적을 낼 수 있었다." 2007년 한국에 온 잭 니클로스에게 "아마추어 골퍼들이 골프를 잘하려면 어떻게 해야 하는가."라고 묻자 돌아온 대답이다. 니클로스의 말에 무릎을 치는 사람들이 많을 것이다. 특히 수년째 90타대에서 머무르고 있는 골퍼들은 이 말을 새겨들을 만하다. 보기 플레이 수준의 골퍼들은 어떻게 경기를 풀어가야 할까.

◡ 벙커에선 탈출을 목표로 : 턱밑 벙커 샷을 홀 근처에 떨어뜨리려다가 낭패를 당하는 일이 잦다. 90타를 치는 골퍼들이 벙커 샷을 파로 연결하는 샌드 세이브는 0%에 가깝다. 벙커에서는 일단 볼을 밖으로 꺼내는데 주력해야 한다. 운이 좋아 그린에 올라가면 그것은 '덤'으로 생각하라.

◡ 숲에서는 레이업을 : 볼이 숲 속에 떨어졌고, 그곳에서 그린을 향해 치려면 조그마한 공간밖에 없다. 이럴 때는 프로들조차 탈출 성공확률이 70%가 되지 않으면 직접 샷을 시도하지 않는다. 아마추어들은 무리할 것 없다. 볼을 옆 페어웨이로 꺼내거나 언플레이어블 볼을 한 뒤 다음 샷에 집중하는 것이 현명하다.

◡ 3m 이상 거리의 퍼트는 홀에 붙이는 데 집중을 : 아마추어 골퍼들이 3m 거리의 퍼트를 성공할 확률은 8%이다. 거리가 길어질수록 성공 확률은 뚝 떨어진다. 10%도 안 되는 확률을 바라보고 홀인을 노리기보다는 첫

퍼트를 홀에 붙여 다음 퍼트로 손쉽게 홀아웃하도록 하는 것이 3퍼트를 막는 길이다.

　◟ 100%의 힘으로 스윙하는 것은 금물 : 동반자가 드라이버 샷을 똑바로 230m를 날렸거나, 300m가 안 되는 파4홀 등지에 이르면 장타를 의식하고 힘이 들어간다. 결과는 러프 행이나 OB로 연결될 때가 더 많다. 그럴수록 80~90%의 힘으로 스윙하거나, 그립을 짧게 잡고 정확성을 높이는 것이 예상치 못한 트러블을 피하는 길이다.

　◟ 연습해보지 않은 샷은 시도하지 말아야 : 한 번도 연습해보지 않은 샷을 코스에서 구사하고자 하는 욕심이 생길 때가 있다. 볼이 나무 옆에 멈춰 오른손잡이가 왼손잡이 스타일로 스윙하거나, 라이가 좋지 않은 데서 볼을 붕 띄워 치는 로브 샷 등이다. 그러나 이는 자제해야 한다. 생소한 샷은 실수로 이어질 가능성이 높기 때문이다.

　◟ 워터해저드에서는 확실한 전략을 : '워터해저드를 넘길 수 있을까, 못 넘길까'로 고민이 될 때는 안전하게 우회하는 전략을 쓰는 것이 바람직하다. 고민한다는 것은 성공 확률이 50% 밑이라는 증거이기 때문. 워터해저드를 넘겨야 할 때에도 한두 클럽 길게 잡는 것이 안전한 전략이다.

02 갑작스러운 난조 때는 '기본'을 점검하라

　특별한 이유가 없는 듯한데 어느 날 갑자기 샷이 안 되는 일이 있다. 잘 맞던 아이언 샷이 치는 대로 섕크가 난다. 드라이버 샷은 전에 없이 큰 포물선을 그리며 슬라이스가 난다. 쇼트 어프로치 샷은 뒤땅치기가 되며 다 된 밥에 재를 뿌린다. 그린에서도 어딘지 모르게 위축돼 스트로크에 자신이 없다. 이 같은 갑작스러운 난조에 대처하는 길은 없을까.

어처구니없는 샷이 나오는 것은 무언가 평상시와는 다른 데가 있다는 반증이다. 따라서 기본으로 돌아가는 것이 가장 빠른 해결책이 될 수 있다. 그중에서도 그립·스탠스·에이밍(aiming) 등을 점검해야 한다.

클럽의 호젤 부분에 맞으며 볼이 오른쪽으로 가버리는 섕크는 골퍼들이 가장 싫어하는 고질병이다. 무의식중에 클럽페이스가 목표 오른쪽을 가리킨 상태에서 임팩트가 되면 나온다. 섕크를 막으려면 목표 라인과 자신의 몸 및 클럽페이스를 스퀘어로 셋업하는 것이 중요하다. 백스윙 때 손목을 지나치게 돌리지 않는 것도 해결책이 될 수 있다.

갑작스러운 슬라이스도 평상시와는 다른 템포로 스윙을 하는 경우 자주 발생한다. 성급하게 고개를 쳐들거나 몸을 여는 것이 그 예이다. 테이크백과 백스윙톱에서 서두르지 않고 평상시 템포를 유지하며, 임팩트 직후까지도 시선을 볼이 있던 자리에 고정하고, 피니시를 끝까지 해준다는 자세가 필요하다. '스트롱 그립'은 임기응변이 될 수 있다.

토핑이 나오면 어드레스 때 몸을 좀 더 숙이고, 뒤땅치기가 잦으면 임팩트 때 오른 무릎을 목표 쪽으로 밀어 '좌향좌'한다는 자세로 임하는 것도 실수 예방의 길이 될 수 있다.

짧은 퍼트인데도 자신이 없는 나머지, 치다 마는 듯한 동작(입스)을 하는 것도 큰 문제이다. 이런 경우 홀 뒤쪽에 가상의 '벽'이 있다고 생각하고 홀을 향해 과감히 스트로크해 주는 것이 한 방도이다. 그린의 브레이크를 읽는데 자신이 없으면 홀을 향해 똑바로 치거나 브레이크를 덜 보는 쪽이 현명하다.

갑작스러운 난조에 대해 스스로 원인을 규명하는 것이 어려우면 상급자나 프로들한테 조언을 받는 것이 필요하다. 슬럼프가 길어지면 골프에서 잠시 떨어져 있는 것도 한 방법이다.

03 트리플보기 막는 길

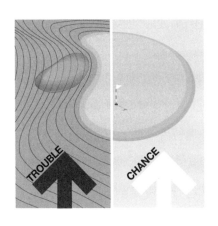

아마추어 골퍼들이 90타대의 벽을 깨지 못하는 것은 트리플보기를 범하는 경우가 많기 때문이다. 스코어카드에 트리플보기가 한두 개 적혀 버리면 그날 80타대에 진입하는 것은 포기해야 한다. OB로 인한 트리플보기는 어쩔 수 없다 하더라도, 큰 이유 없이 트리플보기를 하는 것을 막을 수 있는 길은 없을까.

 ᴗ 벙커에서는 탈출을 최우선 목표로 잡는다 : 특히 라이가 고약한 상황에서는 볼을 일단 벙커에서 꺼내놓는 것에 집중해야 한다. 홀에 붙이려는 욕심을 내다가 2~3타를 허비하는 일이 다반사이다.
 ᴗ 러프에서는 페어웨이만을 생각한다 : 티샷이 러프에 빠진 뒤 멋지게 탈출하려다가 더 난처한 상황에 처할 수 있다. 라이가 좋다면 몰라도, 러프에서는 일단 볼을 페어웨이에 꺼내놓는 것이 스코어 관리 면에서 낫다.
 ᴗ 서커 핀(sucker pin)의 유혹을 물리쳐야 한다 : 깃대가 워터해저드나 깊은 벙커 뒤에 꽂혀 있는데도 그곳을 향해 볼을 날리는 골퍼들이 있다. 조금

만 빗맞으면 트러블에 빠지는데도 말이다. 이런 경우 트러블을 피해 그린 가운데를 겨냥하는 것이 몰락을 막는 길이다.

◐ 5번 아이언 이상 클럽으로는 목표를 직접 겨냥하지 않는다 : 목표 앞에 워터해저드나 벙커 등 트러블이 있는데도 베스트 샷을 기대하고 직접 공략하다가 낭패를 당하는 일이 많다. 6번 아이언이나 그보다 짧은 클럽을 잡았을 경우에만 목표를 직접 겨냥하고 그 거리 이상일 때는 레이업을 하는 편이 바람직하다.

◐ 롱퍼트는 홀인을 노리지 않는다 : 첫 퍼트 거리가 10m 정도인데도 1%의 확률을 바라보고 곧바로 홀인을 노리는 골퍼들이 있다. 그러다가 3퍼트, 4퍼트를 하느니 아예 처음부터 홀 주변 일정 반경(1퍼트 거리) 안에 볼을 갖다놓는다는 자세로 임하면 편안하게 칠 수 있다.

멘탈 포커스 : 손에 쥔 클럽이 맘에 들지 않는데도 샷을 강행하는 일, '프리 샷 루틴'을 생략하고 스윙에 들어가는 일, 중압감이 심한 상황에서 생소한 전략이나 공격적인 샷을 구사하는 일 등도 스코어 관리와는 거리가 먼 것들이다. 80타대 진입을 앞두고 한두 타가 아쉬운 골퍼들에게는 공격적인 자세보다는 안전한 루트를 택하는 편이 더 낫다.

04 볼 대신 특정 지점을 주시해야 할 때

골프에서 스윙을 하거나 샷을 구사할 때 대부분 볼이나 홀을 주시한다. 볼을 주시한다는 것은 헤드업을 막아준다는 차원에서도 권장된다. 그런데 치려는 볼보다 특정 지점에 더 초점을 맞춰야 할 상황도 적지 않다. 그런 몇 가지 사례를 모았다.

쇼트 샷

그린 주변에서 쇼트 샷(칩·피치·로브·러닝 샷 등)을 할 때 볼이 처음 낙하하는 지점에 시선을 더 오래 머무르게 해야 한다. 볼을 보거나 볼이 들어갈 홀을 쳐다보는 것도 좋지만, 구사하려는 샷의 '캐리(떠가는 거리)'와 '롤(굴러 가는 거리)'을 계산한 뒤 나온 첫 낙하지점에 볼이 떨어지도록 신경을 집중하면 볼을 홀에 더 붙일 수 있다는 것이 타이거 우즈나 아니카 소렌스탐의 지적이다.

그린사이드 벙커 샷

벙커 샷은 클럽헤드가 모래를 헤쳐나가면서 그 힘으로 볼을 떠내는 원리다. 따라서 클럽헤드는 볼 뒤 1~2인치 지점을 맞혀야 한다.

그래야 볼이 원만히 벙커를 탈출하게 된다. 벙커 샷을 할 때는 처음부터 끝까지 볼이 아니라, 볼 뒤 지점에 시선을 고정해야 한다.

롱퍼트

8m가 넘는 롱퍼트는 첫 퍼트를 홀 주변에 머무르게 해 다음 퍼트를 손쉽게 하도록 하는 데 주안점을 두어야 한다. 따라서 롱퍼트 때에는 볼

이나 홀보다는 홀 주변 반경 60cm 내 지점에 더 집중하는 것이 볼을 그곳으로 보내는 데 도움이 된다.

🏴 드라이버 샷

볼에 시선을 두는 것 못지않게 볼 앞 약 50cm 지점의 '중간 목표'나 볼이 떨어지기를 원하는 페어웨이상의 구체적 지점을 주시하는 것이 정확한 샷을 하는 데 필수적이다. 중간 목표는 얼라인먼트를 용이하게 해주고, 구체적 지점은 목표를 좁혀준다.

🏴 파5홀 세컨드 샷

볼이 떨어질 지점이 중요하다. 그 지점은 서드 샷을 가장 쉽고 편안하게 할 수 있는 곳이라야 한다.

요컨대 플레이 선에 벙커나 워터해저드가 없어야 하는 것. 파5홀에서 세컨드 샷의 목표는 서드 샷을 잘하기 위한 것이다. 볼을 무작정 멀리 보내기보다는 일단 서드 샷 지점을 선정하는 데 더 많은 시간을 할애해야 한다.

🏴 드롭

한 클럽이나 두 클럽 길이든, 거리 제한 없는 드롭이든, 플레이어는 드롭할 때 상당한 재량을 갖고 있다. 라이가 좋은 곳, 경사지지 않고 평평한 곳을 선정하는 것은 순전히 플레이어의 몫이다.

드롭할 때는 규칙이 허용하는 범위에서 볼을 가장 치기 쉬운 지점을 찾는 데 집중해야 한다.

05 첫 샷 10분 전에 도착했을 때

라운드를 시작하기 30~40분 전에 도착해야 스트레칭과 몇 차례의 연습 퍼트를 하고 심리적으로 안정된 상태에서 첫 샷을 날릴 수 있다는 것을 모르는 골퍼는 없다. 그러나 늦잠이나 교통 체증, 밀린 업무 등의 사정 때문에 티오프 10~15분 전에야 골프장에 도착하는 골퍼들이 많다. 어떻게 해야, 일찍 도착한 동반자들과 대등한 게임을 할 수 있을까.

식사나 커피를 생략하라 : 어떤 골퍼는 10분밖에 남지 않았는데도 식사나 커피를 주문한다. 곧바로 첫 홀이나 연습장으로 달려가는 골퍼도 있다. 그러나 이 모두 좋은 방법은 아니다. 급하게 온 만큼, 볼을 치기 전에 안정을 찾고 페이스를 늦춰야 한다. 호흡이 가빠지면 행동도 빨라지게 마련이어서 골프 스윙에도 좋지 않다. 일단 식사는 생략하라. 나중에 그늘집에서 요기를 하면 된다.

운전을 스마트하게 하라 : 골프장으로 가는 차 속에서도 준비할 것이 있다. 첫 홀 공략법을 생각해본다. 지난 라운드에서 '파'(버디)를 잡은 기억을 떠올리는 것도 좋다. 드라이버 샷-어프로치 샷-퍼트 순으로 샷을 이미지화한 뒤 첫 홀을 무난하게 마무리하는 장면을 머릿속에 그려본다. 또 손을 쥐락펴락하거나, 물렁한 공 같은 것을 주물럭거림으로써 긴장을 풀고 준비를 하는 것이 바람직하다. 손은 클럽과 자신을 연결시켜주는 유일한 부위이기 때문이다.

간단한 스트레칭을 하라 : 골프 스윙에서 스피드를 내는 부위는 손, 팔, 몸통이다. 손은 이미 차 속에서 준비운동을 해두었으므로 팔과 몸통을 느슨하게 해주어야 할 차례이다. 발을 높은 곳에 걸쳐 하체와 허리를 풀어 주고, 한 팔을 가슴을 가로질러 반대편 어깨 위에 걸쳐 어깨를 스트레칭 해준다. 또 다리를 교차한 뒤 구부려 힙(hip) 주변 근육을 풀어준다. 힙은 부드러운 스윙을 하는 데 중요한 역할을 한다.

○ **연습 그린에서는 홀을 향해 퍼트하지 마라** : 안개 등으로 플레이가 지연돼 시간 여유가 있으면 다른 샷은 제쳐두고, 곧바로 퍼팅 그린으로 가라. 그리고 몇 개의 볼을 여기저기 떨어뜨린 뒤 에지까지 굴려본다. 그린 빠르기를 간파하기 위해서이다. 경기 초반 스피드에 대한 감을 잡지 못해 3퍼트를 한 경험이 누구나 있을 것이다. 홀을 향해 퍼트하는 것은 피한다. 그러다보면 몇 번은 실패할 것이고, 그 부정적 이미지는 첫 홀 그린까지 이어질 수 있기 때문이다.

○ **굿샷을 연상하라** : 첫 홀 티잉 그라운드에 가서는 여러 클럽을 꺼내지 마라. 샌드웨지든 드라이버든, 한 클럽으로 풀스윙을 두세 차례 해본다. 감이 좋지 않거든, 동반자에게 먼저 티샷하라고 말한 뒤 스트레칭을 더 해주어라. 티잉 그라운드에 올라서면 볼이 페어웨이에 사뿐히 안착하는 '굿샷' 장면을 연상한다. 긍정적인 생각은 실제 샷도 그 방향으로 이끌어준다.

06 90타대 탈출 위해 이것만은

90타대 탈출을 위해 필요한 부문별 기량을 계량화해보자.

○ **레귤러온 4회는 돼야 한다** : 18개 홀 가운데 적어도 4개 홀에서 정규 타수만에 볼을 그린에 올려놓아야 한다.

그린을 놓친 뒤 파를 잡는 확률이 20%는 돼야 한다 : 정규 타수에 볼을 온그린시키지 못했어도 쇼트게임을 잘하면 파를 할 수 있다. 그린을 놓친 다섯 홀 중 한 홀에서 파를 세이브하면 80타대 진입 자격이 있다는 말이다.

　　드라이버 샷 페어웨이 적중은 6개 홀은 돼야 한다 : 드라이버를 쓸 수 있는 14개 홀 가운데 적어도 6개 홀에서는 볼을 페어웨이에 떨어뜨려야 '80타대 골퍼'가 될 수 있다는 뜻이다.

　　퍼트수는 34개 안팎이어야 한다 : 매 홀 2퍼트를 한다고 가정하면 한 라운드 퍼트 수는 36개. 거기에서 2개만 더 줄이라는 얘기다.

　　파(또는 버디)는 6개는 돼야 한다 : 어떻게 하든, 한 라운드에 6개를 잡아야 한다. '버디' 찬스가 와도 파에 만족한다는 자세로 퍼트하라.

　　샌드 세이브는 '보너스'로 생각한다 : 벙커에 빠진 볼을 파로 연결하는 확률인 샌드 세이브는 3%만 돼도 80타대 자격이 있다.

그로스스코어 90타인 골퍼의 부문별 통계

구분	내용
레귤러(파)온 횟수	3개
페어웨이 안착 횟수(14홀 중)	5개
그린미스 후 파세이브율	17%
샌드 세이브	0%
라운드당 퍼트 수	35개
파(버디) 수	5개

스윙 코치 행크 해니가 타이거 우즈에게 배운 **6가지**

보통은 선수가 코치한테 배운다. 그러나 미국의 저명한 골프 교습가 행크 해니는 오히려 자신이 지도해주는 '황제급 제자' 타이거 우즈한테서 배울 점 이 많다고 한다.

▶ **'루틴'을 고수한다** : 우즈는 정확히 티오프 50분 전에 연습장에 나타 난다. 그리곤 짧은 피치 샷으로 몸을 풀기 시작해 다른 클럽으로 옮겨 간다. 이는 대회 때마다 기계적으로 반복되는 루틴이다. 샷이나 퍼트를 할 때도 매번 일관된 동작을 반복한다.

▶ **사소한 것에 주목한다** : 그날의 '핀 위치도'를 입수한 뒤 연습장으로 간다. 특히 파3홀의 경우 핀 위치에 따라 칠 클럽을 생각하고, 그 클럽 을 집중 연습한다.

▶ **연습 스윙은 100% 실제 샷처럼 한다** : 샷을 하기 앞서 하는 연습 스 윙은 실제 해야 할 샷을 머릿속에 그리고 온 신경을 집중한다.

▶ **경기 땐 포커 페이스가 된다** : 우즈는 연습라운드 때나 라커룸 등지 에서는 마크 오메라, 존 쿡 등 친한 동료들과 잡담을 즐긴다. 그러나 일단 대회가 시작되면 18번 홀이 끝날 때까지 농담은커녕 말수도 적어 진다. 그의 '비즈니스'에 몰입하기 위해서다.

▶ **저절로 잘 되는 샷은 없다** : 우즈라고 하여 모든 샷을 항상 잘 할 수 는 없다. 골퍼는 골퍼고, 샷은 샷이다. 하고자 하는 샷에 집중하지 않 고, 연습하지 않으면 톱랭커라도 언제든지 실수할 수 있다.

▶ **고수들의 테크닉을 배우는 데 주저하지 않는다** : 우즈는 쇼트게임 의 귀재들인 세베 바예스테로스나 호세 마리아 올라사발이 잘 하는 샷 을 관찰한 뒤 배우곤 한다. 낙하 후 곧바로 멈추는 피치 샷이 그 예다. 그러나 이 샷은 높은 헤드스피드와 스핀이 필요한 고난도이므로 아마 추어들이 따라 하기에는 위험이 따른다.

PART 4

족집게
레슨과
경험 법칙들

톱 골퍼 10명의
레슨 퀵서비스

현존 국내외 남녀 톱 골퍼 10명의 평생 '족집게 레슨'을 소개한다. 남자는 타이거 우즈, 잭 니클로스, 최경주, 한장상, 최상호 프로이다. 여자는 박세리, 김미현, 박지은, 그리고 아니카 소렌스탐과 로레나 오초아이다. 일부는 기자가 직접 취재한 것이고, 일부는 그들의 레슨 관련 서적에서 발췌했다. 톱랭커들의 레슨 내용이 곧바로 아마추어들에게 적용되지 않을 수도 있겠다. 그러나 한 번 정도 읽을거리, 참고 거리가 되기를 바란다.

01 타이거 우즈

우즈의 모든 샷은 나무랄 데 없고 특히 퍼트에선 그를 따를 자가 없다. 중압감이 심할수록, 라운드를 더할수록 퍼트를 잘하는 것이 우즈의 특징이다. 결정적 순간 넣어야 할 2~5m거리의 퍼트를 성공하는 확률에서도 우즈는 가히 첫 손가락에 꼽힐 만하다.

우즈가 퍼트를 잘 하는 비결은 따로 없다. 매번, 매 순간 똑같은 루틴을 거쳐 스트로크를 하는 것이다.

대회 첫 홀 그린에서나, 우승 여부를 결정짓는 72번째 홀 두 번째 퍼트나 똑같은 과정을 거친 뒤 스트로크를 한다. 이른바 '프리 샷 루틴(pre-shot routine)'을 일관되게 하는 것이다. 그러다 보니 중압감을 덜 느끼고, 걱정이나 염려가 들어갈 틈이 없다.

그의 퍼트 프리 샷 루틴은 다음과 같은 순서로 이루어진다.

①볼 뒤편으로 다가서며 전체적인 퍼트 상황을 살핀다.

②경사를 판단하기 위해 라인의 측면을 살피며 홀을 향해 걸어간다.

③홀 주변을 면밀히 살핀다.

④볼 있는 데로 돌아와서 그 뒤에 웅크리고 앉아 가장 효과적인 스피드와 브레이크를 결정한다.

⑤볼 옆에서 연습 스윙을 두 번 한다.

⑥볼 뒤에 퍼터를 가져가고 두 발을 내민다.

⑦라인과 홀을 두 번 더 본다.

⑧퍼트를 한다.

반드시 우즈와 같은 루틴을 할 필요는 없다. 그러나 절차와 순서는 어찌됐든, 자신만의 루틴은 만들어 두어야 한다. 그래야 극도로 긴장된 상황에서도 일관된 스트로크를 할 수 있다.

타이거 우즈

02 잭 니클로스

'20세기 최고의 골퍼'로 일컬어지는 니클로스는 수많은 교습서를 썼고, 골프 전문지 등을 통해 헤아릴 수 없는 레슨을 했다. 목표 라인과 정렬을 잘하는 법도 그가 강조한 레슨 중 하나이다.

드라이버 샷을 할 때 볼이 떨어지는 지점에 목표를 정하면 너무 멀다는 것이 그의 지론이다. 그 대신 목표 라인상의 한 지점으로, 볼에서 3피트(약 90cm) 떨어진 지점의 '임의의 물체'를 목표로 삼으라는 것이다. 임의의 물체는 색깔이 다른 풀잎, 잡초, 작은 돌멩이 등 어느 것이라도 상관없다. 생각해보자. 200m 이상 떨어진 곳과 1m 앞 지점 가운데 어느 것이 더 겨냥하기 쉬울까? 당연히 1m 전방의 목표에 정렬하는 것이 훨씬 쉽다. 이것은 비단 드라이버뿐 아니라 페어웨이에서 우드를 칠 때에도, 러프에서 아이언 샷을 할 때에도, 그린에서 퍼트를 할 때에도 적용된다. 니클로스는 "프로암대회 등에서 수많은 아마추어 골퍼들을 보아왔다. 그런데 수준급 골퍼들도 100~200m 떨어진 목표 지점은 오랫동안 응시한다. 그러나 정작 볼 앞에 임의의 중간 목표물을 설정하는 것은 소홀히 한다. 목표 지점만 응시한 채 고개를 숙여 볼을 보고 바로 샷을 한다. 핸디캡이 높은 골퍼들은 더 말할 나위가 없다. 빗나간 골프 샷의 80%는 정확하지 못한 정렬과 라인업에서 비롯된다."라고 주장한다. 그는 "볼 뒤쪽에 서서 자신의 목표 라인을 설정하고 볼에서 약 1m 앞에 있는 그라운드상의 어떤 목표물을 기준으로 삼은 뒤 어드레스에 들어가면 샷 정확도는 훨씬 높아진다."라고 강조한다.

잭 니클로스

03 최경주

한국 남자 골프의 '간판'인 최경주는 벙커 샷을 잘하기로 정평이 났다. 혹자는 골프 입문 당시 고향인 전남 완도의 백사장에서 연습을 많이 한 덕분이라고 그렇지만, 사실과 다르다. 해변의 모래는 골프장 모래와 성질부터 다르다.

백사장에서는 뚜렷한 목표물이 없는 데다, 낙하 후 굴러 가는 것을 가늠하기도 힘들다. 언젠가 최경주한테 "벙커 샷을 잘 하는 이유가 무엇인가?"라고 물었다. "미국 진출 초기 그린 주변 러프 때문에 고생했다. 발목까지 빠질 만큼 긴 데다 질기기까지 하여 볼이 그곳에 빠지면 파세이브가 쉽지 않았다. 그래서 차라리 러프보다 벙커에 빠뜨리는 것이 낫겠다 싶어 어떤 경우는 벙커를 겨냥했고 그러다보니 벙커 샷 연습을 많이 해야 했다. 그것이 오늘날 벙커 샷을 잘하는 이유다."라는 대답이 돌아왔다. 그가 벙커 샷을 잘하지만, 그 테크닉을 독자들에게 알기 쉽게 전달하는 일은 간단치 않다. 그래서 최경주가 2007년 10월 한국에 왔을 때 주니어 골퍼들을 대상으로 한 클리닉에서 한 말을 먼저 소개한다.

그것은 "어드레스 후 3초 안에 샷을 하라."라는 것이다. 요컨대 어드레스를 취한 후 시간을 지체하면 할수록 잡념이 들어가고 근육이 긴장할 소지가 커지기 때문에 샷 실패 확률도 높아진다는 것이다.

스윙에 대한 생각이나 코스 공략에 대한 전략은 어드레스 전에 마치고 어드레스에 들어가면 곧바로 스윙으로 들어가는 것이 원하는 샷을 낼 수 있는 길이라는 설명이다. 어드레스 시간이 긴 사람치고 볼 잘 치는 사람 드물다.

최경주의 벙커 샷 요령

셋업 : 스탠스와 클럽페이스를 오픈한다는 것은 대부분 골퍼가 알고 있는 기본이다. 중요한 것은 클럽을 쥐는 순서이다. 클럽페이스를 일단 오픈한 뒤 그립을 해야지, 그립을 한 상태에서 손을 돌려 페이스를 오픈하려고 하면 임팩트 순간 다시 스퀘어로 될 가능성이 높아진다는 점이다. 클럽페이스를 오픈하면 페이스는 목표보다 오른쪽을 가리키게 된다.

그 상태에서 오픈된 스탠스(몸의 정렬)를 따라 스윙해주면 클럽은 '아웃-인' 궤도로 모래를 파고 지나가게 되고 볼은 목표를 향하게 된다. 샌드웨지의 바운스가 파고드는 지점은 볼 뒤 2cm 정도가 좋다.

○ 거리조절 : 벙커 샷 거리 조절에는 여러 가지 방식이 있다. 게리 플레이어처럼 퍼내는 모래의 양으로 거리를 조절할 수도 있으나 이는 아마추어들에게 너무 어렵다.

그의 경우 백스윙 크기로 한다. 목표까지의 거리가 5m든 10m든 임팩트와 그 후의 폴로 스루는 똑같이 해준다. 특히 임팩트존에서 클럽헤드 스피드가 늦춰지지 않도록 한다. 단, 거리가 짧을 경우 백스윙을 작게 하고, 거리가 길 경우 백스윙을 조금 크게 해준다. 핀까지 30m 이상 남을 경우엔 피칭웨지를 잡는다. 클럽만 다를 뿐 나머지 요령은 일반적 벙커 샷과 동일하다.

○ 라이가 나쁠 때 : 볼이 묻혀 있는 베리드 라이(buried lie)나 프라이드 에그(fried egg)일 경우 요령은 조금 다르다. 클럽페이스를 일반적 아이언 샷을 할 때처럼 스퀘어로 유지해야 한다. 백스윙은 급한 궤도로 올렸다가 다운스윙에서는 내려찍고, 폴로 스루 때는 다시 걷어 올린다는 생각으로 쳐주면 된다.

라이가 좋은 벙커 샷을 할 때 클럽헤드의 궤도가 U자형이라면 라이가 좋지 않을 때는 V자형이 된다는 생각을 하면 틀림없다.

○ 긍정적 마음가짐이 중요 : 아마추어들은 볼이 벙커에 빠지면 부담을 갖는다. 그럴 필요 없다. 지금까지 얘기한 '기본'을 되살려 볼 뒤를 쳐주기만 하면 볼은 대부분 탈출하게 돼 있다. '홈런성 타구'를 염려한 나머지 임팩트 순간 클럽헤드를 멈추지 말고, 피니시까지 가속을 해주면 벙커 샷은 독자들의 편이 될 것이다.

최경주

04 한장상

한장상 프로는 한국 프로 골프의 '산 역사'이다. 70에 가까운 나이인데도 2007년까지 아들이나 손자뻘 되는 젊은 선수들과 함께 기량을 겨뤘다. 한국프로골프선수권대회에는 1958년부터 2007년까지 한 해도 거르지 않고 50년 연속 출전한 '강철 체력'을 지녔다. 가까이에서 보면 최윤수 프로와 같은 '통뼈'라는 것을 금세 느낄 수 있다.

2007년 인터뷰 중 했던 한 질문이 "아마추어 골퍼들이 부상을 막으려면 어떻게 해야 할까요?"였다. 그의 대답은 곧 돌아왔고 거침이 없었다.

"골프는 한 방향으로만 하는 운동이에요. 그것도 아주 오랫동안 일방적으로 하는 운동이잖아요. 그러다보면 '몸의 균형'이 깨집니다. 저도 그랬어요. 그래서 고생도 했지요. 그런 뒤로는 연습이나 라운드가 끝나면 반드시 반대 방향으로 스윙을 해줍니다. 적어도 20~30차례, 좀 여유가 있으면 50~100차례 맨손으로 자기 스윙의 반대 방향으로 스윙을 해주는 것이 골퍼들에게는 무엇보다 중요하다고 봐요."

골프는 평생 한 방향으로 하는 운동이기 때문에 척추나 근육이 왜곡될 수밖에 없다. 그래서 대칭을 잡아주는 것이 무엇보다 중요하다. 이는 양용은, 박세리, 신지애, 김연아 등 스포츠 스타들을 치료해준 서울자생한방병원 골프척추관절클리닉에서도 강조하는 바이다. 라운드 중 진행이 밀려 기다릴 경우 짬짬이 반대 방향으로 스윙을 해주면 몸을 균형 있게 하고, 부상을 막는 데 큰 도움이 된다. 골퍼들의 소망은 '건강하게 오랫동안 골프를 치는 일'이다.

한 장상

한장상

05 최상호

 진부한 얘기이지만, 연습 말고 골프에 '왕도'는 없다. 겨울철이나 출장 중일 때 등 연습할 수 없을 경우엔 이미지 트레이닝을 권한다. 자주 가는 코스를 생각하며 '드라이버−아이언−웨지−퍼트'의 순서대로 머릿속에서 차례로 샷을 해보는 것이다. 이때 예전에 잘 맞았던 굿샷을 연상하고 그 것을 대입하면 효과는 극대화될 것이다.

 그는 연습장에서는 골고루 치는 타입이다. 짧은 클럽에서 시작해 아이언, 우드, 드라이버 샷 순서로 친다. 그것으로 끝이 아니다. 마무리는 웨지로 한다. 연습 시간이 한 시간일 경우 13개 클럽을 고루 쳐본다. 클럽 당 치는 볼은 7~8개 될 것이다. 남서울CC 18번 홀 그린 뒤편에 있는 연습장에서는 라이(맨땅·러프 등)나 스탠스(벽돌·판자 등)에 변화를 주어 연습할 수 있으나 아마추어들은 그렇지 못할 것이다.

 아마추어들은 보통 연습장에 갈 경우 모든 클럽을 쳐보면 좋겠으나 시간이 허락하지 않는다. 그러면 '어프로치 샷−피치 샷−7번 아이언−5번 아이언−우드−드라이버' 식으로 짝·홀수 클럽을 하루씩 번갈아가며 치는 것이 효율적이겠다. 그가 강조하는 것은 '어려운 클럽을 잘 다루어야 나머지 클럽도 잘 쓸 수 있다'라는 점이다. 그래서 4, 5번 아이언을 집중적으로 연습하라고 권한다.

 4, 5번 아이언 샷에 자신이 생기면 그보다 긴 우드나 드라이버 샷, 그 보다 짧은 아이언이나 웨지 샷도 자신이 생긴다. 연습장에 가서 갖고 있는 클럽을 골고루 써보되 잘 안 맞고 어려운 클럽일수록 연습 비중을 더 높이는 것이 더 효과적이라고 보는 것이다. 많은 사람들이 그를 보고 퍼

트를 잘한다고 하는데 그는 특별한 비결은 없다고 한다. "퍼트 거리를 어떤 식으로 맞추느냐?"라고 묻는 사람도 많은데 그들에게 "비법은 없다. 오랜 기간 터득한 감으로 거리를 맞춘다."라고 말한다.

최상호

06 박세리

박세리는 레슨 관련 인터뷰를 잘 하지 않는 편이다. 다음은 한국경제신문에서 6년 전 그를 만나서 들은 내용이다. 그가 한 말을 그대로 옮겨

싣는다. "아마추어 골퍼들이 골프 스윙에서 가장 잘 안 되는 것은 바로 '스윙 자세(posture)'이다. 골프 스윙은 스윙 전 자세가 제일 중요한데 아마추어들은 어드레스를 하면 등과 허리선, 엉덩이가 둥근 형태를 띤다. 또 엉덩이만 불쑥 내밀어 '오리궁둥이 자세'를 취하기도 한다. 이런 자세로는 허리에 힘을 줄 수가 없다. 바른 자세는 허리에 힘이 들어가야 하며 각이 진 자세라야 한다.

최근 아마추어들이 TV나 책 등에서 본 스윙을 대충 흉내 내는

경우가 많다. 그런데 이는 바람직하지 않다.

그런 식으로 골프를 시작하면 골프 실력이 늘지도 않을 뿐만 아니라 다칠 가능성도 많다. 물론 거리도 제대로 안 나고 미스 샷도 많아 결국 골프에 흥미를 잃기 쉽다. 프로들에게 스윙을 배운다는 자세가 절대 필요하다. 1주일에 한 번이라도 프로에게 스윙을 점검받아야 골프를 즐겁게 칠 수 있게 된다.

대다수는 레슨을 받으면 '프로들이 대충대충 가르친다'라고 불만을 토로한다. 하지만 골프는 자신이 하는 것이다. 레슨은 꼭 받되 이를 토대로 자기 것으로 만드는 건 골퍼의 몫이다.

아마추어들은 백스윙에도 허점이 많다. 테이크백을 할 때 일단 어깨폭만큼은 일직선으로 뒤로 빼야 한다. 그런데 클럽을 너무 목표라인 바깥쪽으로 빼거나 바로 손목을 꺾은 채 백스윙을 하는 아마추어들이 상당수이다.

클럽을 어깨폭만큼 곧바로 빼고 손목을 코킹해 90도로 든다. 그 다음 어깨 턴을 하면 백스윙이 끝난다. 기본적인 사항이 제대로 되면 스윙의 대부분이 완성된다. 프로인 나도 코치에게 이러한 기본적인 것부터 점검을 받는다."

박세리는 2008년 초 미국 LPGA투어 홈페이지에 독자들의 질문에 답을 하는 가운데 "드라이버 샷은 백스윙 때 하체를 가능한 한 잡아두고 상체를 충분히 꼬아서 풀턴을 해야 파워가 창출된다."라고 말했다.

박세리

2008년부터 달라진 **골프 규칙**

골프 규칙이 2008년 1월 1일자로 일부 개정되었다. 전 세계적으로 통용되는 골프 규칙을 제정하거나 개정하는 곳은 미국골프협회(USGA)와 영국왕립골프협회(R&A). USGA는 미국과 멕시코를, R&A는 그 밖의 지역 골프를 관장한다. 두 기구는 4년마다 규칙을 개정해오고 있는데, 이번에는 벌타 규정을 완화하고 일부 조항은 개념을 분명히 하는 개정안을 마련했다. 골퍼들의 관심이 많은 부문을 조항별로 살펴본다.

▶ **해저드에서 자신의 볼인지 식별하기 위해 볼을 집어 들 수 있다**
(규칙 12-2, 15-3)

지금까지 해저드(벙커·워터해저드)에서는 볼인지 아닌지 확인할 수만 있었지, 그 볼이 자신의 볼인지 아닌지 식별하기 위해 집어 올릴 수 없었다. 예컨대 볼이 모래 속에 박혀 보이지 않을 때 모래를 헤쳐 볼 윗부분만 살짝 보이면 그 볼이 자신의 볼인지, 동반 플레이어의 볼인지 식별하는 절차없이 쳐야 했다. 식별하기 위해 집어 올리면 벌타가 따랐다. 그린에 올라가서 보니 친 볼이 동반 플레이어의 볼이었다면 자신의 볼을 찾아 다시 치면 됐다. 해저드에서는 오구를 쳐도 벌타가 없었기 때문이다. 그러나 2008년부터는 해저드에서도 볼을 식별하기 위해 집어 올릴 수 있다. 자신의 볼인지 아닌지, 식별을 한 뒤 샷을 할 수 있게 된 것. 그에 따라 해저드에서 '오구'를 칠 경우 스트로크플레이에서는 2벌타, 매치플레이에서는 그 홀의 패를 당하게 된다. 볼을 식별할 수 있는데도 오구를 쳤으니, 당연히 벌을 받아야 한다는 논리이다.

제임스 T 번치 USGA 규칙위원장은 "볼이 적합한지 여부를 확인하거나, 볼이 동반 플레이어의 플레이 선에 있을 경우 이미 해저드에서도 집어 올릴 수 있기 때문에 형평성 차원에서 개정했다."라고 설명했다. 그는 또 "벙커에서 자신의 볼인지 식별하지 않고 쳐서 OB가 날 경우 그 볼이 누구 것인지도 모른 채 플레이어가 결과를 고스란히 안아야 하는 문제가 있었다."라고 이 조항 개정 이유를 밝혔다.

▶ 자신이 친 볼에 맞으면 2벌타 대신 1벌타만 받으면 된다(규칙 19-2)

플레이어가 친 볼이 플레이어 자신이나 파트너(팀 경기에서 같은 편), 자신 또는 파트너의 캐디나 장비에 맞을 경우 지금까지는 스트로크플레이에서는 2벌타, 매치플레이에서는 그 홀의 패가 선언됐다. 그런데 2008년부터는 두 경기 방식 모두 1벌타만 받으면 된다. 친 볼이 높은 벙커 턱을 맞고 벙커에 있는 플레이어를 맞히거나, 나무 등을 맞고 플레이어에게 되돌아와 맞을 경우 억울하기 짝이 없다. 그 억울함을 조금이나마 달래주는 개정이라고 볼 수 있다.

2003년 마스터스 때 이런 일이 있었다. 생애 첫 메이저대회 우승을 노리던 제프 매거트가 4라운드 3번홀(길이 350야드)에서 티샷을 그린 앞 벙커에 빠뜨린 뒤 두 번 째 샷을 했다. 그런데 친 볼은 높은 턱을 맞고 튕겨 나와 자신의 몸에 맞고 말았다. 당연히 2벌타가 따랐다. 단독 선두를 달리던 매거트는 그 홀에서 '트리플보기'를 범하며 리더보드 상위권에서 사라지는 불운을 겪었다.

▶ 규정에 맞지 않는 클럽으로 플레이할 경우 실격에서 면제된다
(규칙 4-1)

지금까지는 플레이어가 규정에 맞지 않는 클럽을 갖고 경기에 나서기만 해도 실격을 당했다. 그 조항을 완화, 내년부터는 홀당 2벌타, 라운드당 최대 4벌타를 받는 것으로 끝난다. 이는 14개를 초과하는 클럽을 갖고 나갈 경우와 같은 벌이다.

▶ 기타

거리에 관한 정보를 교환하는 것은 '어드바이스'로 보지 않는다고 수정했다. 또 잘못 교체된 볼(오구)로 오소 플레이를 할 경우 2중 벌타를 받지 않도록 했다. 그리고 지금까지는 퍼트 선을 걸터 서거나 밟을 경우 2벌타(스트로크플레이)를 받아야 했으나 내년부터는 고의성이 없거나, 동반 플레이어의 퍼트 선을 밟지 않으려고 움직이다가 우연히 밟을 경우 벌타를 받지 않도록 했다. 규칙에 의해 플레이스나 리플레이스를 해야 할 사람이 아닌, 다른 사람이 플레이스나 리플레이스를 할 경우 종전에는 2벌타였으나 1벌타로 줄였다.

07 김미현

많은 사람들이 김미현의 페어웨이우드 샷을 신기하게 생각한다. 미국 투어에서 함께 뛰는 동료 프로들도 그의 우드 샷에 대해 감탄을 자주 한다.

하지만 정작 본인은 "나는 우드 샷을 잘하기 위한 어떤 비결도 갖고 있지 않다. 다만 어렸을 때에도 체구가 작았기 때문에 '조그마한 애가 볼을 참 멀리도 보낸다'라는 말을 듣기 좋아해 우드 연습을 많이 한 것은 인정한다. 아무래도 그것이 지금 우드 샷을 잘하는 비결이 아닌가 한다. 나는 대체로 1, 3, 5, 7, 9번 등 5~6개의 우드를 사용한다. 5~6개의 우드를 모두 갖고 다니는 것은 아니다. 코스에 따라 그때그때 필요한 우드만 갖고 나간다."라고 말한다.

김미현은 또 "모든 샷이 마찬가지이겠지만 우드 샷도 임팩트 이후가 중요하다."라고 강조한다. 대다수 아마추어들은 임팩트 시점에 도달하면 양팔이 몸 밖으로 먼저 나가면서 클럽페이스가 열려 맞는다는 것. 그래서 슬라이스가 자주 난다.

슬라이스를 안 내려고 당겨 치기도 하는데 이 경우 볼을 커트하게 돼 슬라이스가 더 난다고 한다. 그는 "임팩트 시점에서는 양팔이 몸 바깥으로 나가지 않아야 한다. 그리고 왼쪽 겨드랑이가 몸에서 떨어지지 않고 붙어 있어야 한다. 이래야 볼이 휘지 않고 똑바로 나가게 된다. 연습할 때 이것을 염두에 두기 바란다."라고 주장한다.

스윙의 마무리 동작인 피니시 때에는 오른 손등이 몸 쪽을 향해야 한다고 조언한다. 가장 좋은 위치는 왼쪽 귀 부분에 와야 하지만 좀 내려와도 상관없다. 오른 손등이 몸을 바라보기만 하면 된다. 또 우드 샷은 백스윙을 시작할 때 아이언 샷보다는 좀 더 뒤로 끈 뒤 들어준다는 마음가짐을 갖는 것이 좋다고 덧붙인다. 김미현은 "우드로 볼을 띄우고 싶으면 백스윙할 때 클럽헤드를 약간 열어준다. 그러면 임팩트 시 자연스럽게 우드가 닫히면서 볼이 찍히게 되고 더 뜨게 된다."라고 말한다.

김미현

08 박지은

그린까지는 30~40m. 볼을 홀에 붙이려는 욕심으로 스윙했으나 볼은 오른쪽으로 휙 날아가버린다. 다 된 밥에 재를 뿌린 격이 아닐 수 없다.

이 같은 '섕크'는 볼이 클럽헤드의 힐 부분, 정확히 말하면 샤프트와 클럽헤드를 연결하는 목(호젤)에 맞아 발생하는 미스 샷이다. 십중팔구는 목표라인 오른쪽으로 터무니없이 나가버린다. 골퍼들을 가장 낙담시키는 실수 중의 실수요, '고질병'이라 할 수 있다. 그런데 한번 섕크가 나면 다음 샷도 섕크가 날까봐 제대로 샷을 할 수 없다는 데 더 큰 문제가 있다. 박지은은 섕크의 원인에 대해 "어드레스 때 취했던 클럽헤드와 볼의 위치가 임팩트 때 유지되지 않기 때문이다."라고 진단한다. 요컨대 클럽헤드가 볼과 스퀘어를 이룬 상태로 임팩트 되면 섕크는 생기지 않는다는 것이다.

박지은이 제시하는 섕크 방지법은 이렇다.

①평소의 스윙 자세와 리듬을 유지한다. 평상시와 달리 손을 뻗치거나 빠른 속도로 스윙하면 섕크가 발생할 수 있다.

②어깨 힘을 빼고 헤드업하지 말아야 한다. 힘이 들어가면 몸이 굳어지고 그러면 비정상적인 샷이 나올 수밖에 없다. 머리를 드는 것도 몸과

볼의 간격을 바꿀 수 있다.

③볼과 너무 가까이 서지 않는다. 가까이 서면 당연히 볼이 호젤에 맞을 가능성도 높아진다.

④다운스윙 때 왼팔 겨드랑이가 떨어지면 안 된다. 다운스윙 때 팔을 몸에 최대한 붙이라는 얘기이다.

⑤스웨이와 손목 사용은 금물이다. 스웨이를 하면 몸과 볼 사이의 간격이 달라질 수밖에 없다. 손목을 쓰면 클럽헤드의 궤도가 틀어질 수 있기 때문이다.

박지은

09 아니카 소렌스탐

'골프 여제' 아니카 소렌스탐은 여성 골퍼로는 유일하게 공식대회에서 18홀 59타를 기록했다. 2001년 스탠더드 레지스터핑 2라운드에서 13언더 파 59타를 친 것. 그는 거기에서 만족하지 않고 "18홀 모든 홀에서 버디를 못 할 이유가 없다."라며 한 라운드 54타를 다음 목표로 삼고 있다. 이른바 '비전 54'이다.

그런 소렌스탐이지만, 골프에서 가장 중요한 것은 '기본'이라고 강조한다. 기본이 잘돼야 응용 샷을 잘하고 전략을 잘 세울 수 있다는 것. 그는 "볼이 원하는 대로 똑바로 가지 않았다면 가장 먼저 얼라인먼트를 확인한다. 만약 얼라인먼트가 괜찮다면 그다음에는 그립과 자세를 확인한다. 스윙을 바꾸지 않는 대신 기본기를 다시 점검한다. 기본기가 다 좋다면 볼을 원하는 곳으로 정확하게 보낼 수 있는 가능성은 아주 커진다."라고 말한다. 소렌스탐이 말하는 기본기의 핵심은 몇 가지로 나눠진다.

①그립은 손바닥보다는 두 손의 손가락으로 잡는다.

②엄지와 집게손가락이 이루는 'V자' 형은 턱과 오른 어깨 사이를 가리켜야 한다.

③클럽을 잡은 손 위치에 맞게, 오른 어깨는 왼 어깨보다 낮게 유지한다(오른손잡이의 경우).

④몸과 볼 사이에 적당한 간격을 유지하기 위해 엉덩이는 높고 둥근 의자에 걸터앉듯 뒤로 쑥 뺀 뒤 상체를 엉덩이부터 구부린다.

⑤정렬할 때는 클럽페이스를 먼저 목표 라인과 스퀘어하게 맞춘 다음 몸을 목표 라인과 평행하도록 한다.

아니카 소렌스탐

10 로레나 오초아

'멕시코 골프의 영웅' 로레나 오초아는 장타력으로 유명하다. 그는 2007년 미국 LPGA투어에서 드라이버 샷을 평균 270.6야드(약 246m)나 보냈다. 랭킹 3위이다.

오초아는 그런 장타자이기도 하지만, 실은 쇼트게임이 더 강하다. 홀당 평균 퍼트 수는 1.76회로 랭킹 1위이다. 특히 버디를 반드시 잡아야 하는 긴장된 퍼트, 승부를 가름하는 결정적 퍼트를 성공하는 모습은 타이거 우즈를 연상시킨다.

오초아가 미국 〈골프다이제스트〉에서 밝힌 '결정적 순간 퍼트를 성공하기 위한 연습법'을 요약한다.

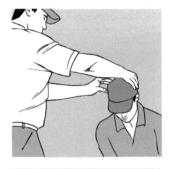

①머리를 잡는다 : 자세를 취하고 팔과 퍼터를 움직일 때 코치(라파엘 알라르콘)가 내 머리를 붙잡는다. 퍼터 헤드가 처음부터 끝까지 퍼트라인상에서 움직이도록 하기 위해서다. 특히 임팩트 후 볼이 있던 곳을 1~2초간 주시하는 것이야말로 성공의 요체이다.

②눈을 감는다 : 어드레스를 취한 뒤 코치가 손을 내밀어 내 시야를 가린다. 눈을 감고 오로지 팔로써 스트로크하는 감을 익히도록 하기 위함이다. 혼자서 눈을 감고 할 수도 있는데, 팔을 천천히 움직일수록 일관된 동작을 하는 데 도움이 된다. 거리감을 얻는 데도 좋다.

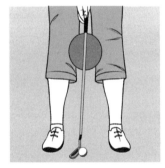

③다리를 오므린다 : 스트로크하는 동안 하체를 원래 상태대로 유지하기 위해 다리 사이에 풍선이나 고무공 같은 것을 끼워 넣고 연습한다. 공을 좀 조이는 듯한 느낌을 가지면 더 좋다. 견고한 하체는 일관된 퍼트를 하는 데도 필수적이다.

로레나 오초아

내기 골프에서 **배판** 부를 때 주의 사항

내기 골프를 좋아하는 골퍼치고 배판(press)을 모르는 사람이 없을 것이다. 내기 골프에서 추가로 베팅하는 것을 의미하는 배판은 전세를 일거에 만회할 수 있는 비장의 카드가 될 수 있는 반면, 경우에 따라선 빈털터리가 될 수 있는 지름길이기도 하다. 요컨대 배판은 약이나 독이 될 수 있는 양면성을 지니고 있는 것이다. 미국 골프 칼럼니스트 가이 요컴은 배판을 부를 때 주의해야 할 사항을 다음과 같이 정리한다.

▶사전 약속을 분명히 해두어라 : 배판을 부를 수 있는 상황을 라운드 전에 분명히 해두어야 나중에 말썽이 없다. '특수 상황이 되면 자동배판을 할 것인지, 아니면 그때그때 배판을 선언해야 할 것인지', '배판을 거절할 수 있는 권한이 있는지 없는지' 등을 미리 확실하게 해두라는 얘기이다.

▶하수는 핸디캡 홀을 노려라 : 하수와 고수가 플레이할 때 어려운 홀에서 핸디캡을 주고받을 수 있다. 하수라면 가능하면 핸디캡을 받은 홀에서 배판을 부르라는 뜻이다. 당연히 고수는 그런 홀에서는 배판을 선언하지 말아야 한다.

▶고수는 파3홀 배판을 가능하면 피해라 : 아마추어 골프에서 파3홀은 비교적 쉬운 홀로 여겨진다. 티샷 한 번만 잘하면 하수들도 기회가 있기 때문이다. 따라서 고수들은 가능하면 파3홀 배판을 받아들이지 않는 것이 유리하다. 단, 배판을 받아들여 이길 경우 그동안 잃은 돈을 모두 만회할 수 있을 때만 응해야 한다.

▶낫소 게임에서는 후반 배판을 적절히 이용하라 : 낫소 방식은 18홀을 전반 나인, 후반 나인, 18홀 전체로 나눠 내기를 거는 것을 말한다. 예컨대 전반에 이긴 사람이 일정액을, 후반에 이긴 사람이 일정액을, 그리고 18홀 전체 스코어로 이긴 사람이 일정액을 가져가는 방식이다. 전반에 열세였다가 후반 막바지에 플레이가 잘 될 경우 후반은 물론 18홀 전체에 2중의 배판을 거는 것이 효과적이다. 성사되면 상대방에게 위협을 줄 수 있는 제의이다.

경험 법칙

골퍼들의 경험은 그 하나하나가 소중한 자산이다. 특히 실수를 하거나, 어려운 상황에서 겪은 것일수록 다음 샷, 다음 라운드 때 큰 참고가 된다. 세계적인 교습가나 프로 골퍼들이 경험을 통해서 입증한 것들은 비록 '골프 교과서'에 실리지 않더라도, 아마추어 골퍼들에게 큰 도움이 될 것임은 자명하다. 골퍼들이 스코어를 향상하는데, 라운드를 스마트하게 마무리하는 데 참고할 만한 '경험 법칙'들을 모았다.

01 스코어 향상에 도움이 되는 룰

리치오 공식

미국골프협회가 미국 컬럼비아대학의 리치오 박사와 함께 라운드를 분석한 결과 밝혀낸 공식이다. 스코어는 다른 요소보다도 '그린 적중률(GIR)'과 상관관계가 가장 높다는 것이 핵심이다.

그 공식은 '스코어 = 95−(GIR×2)'이다. 예컨대 한 라운드에 정규 타수로 볼을 그린에 올리는 횟수가 세 번인 골퍼의 스코어는 '89타(95-3×2)'가 된다. 역으로 79타를 치려면 한 라운드 그린 적중률이 여덟 차례는 돼야 한다는 뜻이 된다.

10야드 룰

○ 타이거 우즈의 10야드 룰 : 화를 낸 지점에서 10야드 지나면 잊어버린다는 룰이다.

플레이를 하다보면 누구나 스스로 화가 날 때가 있다. 그러나 화가 난 상태가 지속되면 그 손해는 고스란히 자신에게 돌아온다. 화를 낸 곳에서 10야드 지나가면 다시 평상심으로 돌아간다는 우즈의 '멘탈 게임'을 본받을 만하다.

○ 해저드를 멀리하는 룰 : 플레이 선에 해저드(벙커·워터해저드)가 있을 경우 평소보다 10야드를 가산해 클럽 선택을 하라는 룰. 즉, 워터해저드나 벙커를 넘겨야 목표에 도달할 수 있을 경우 캐디가 불러주는 거리(또는 자신이 생각한 볼에서 목표까지의 거리)에 10야드를 더 하라는 말이다. 그것이 실수할 경우에 대비한 '에러 마진'을 크게 하는 길이다.

1인치 룰

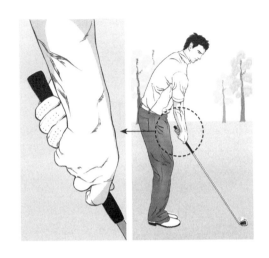

드라이버 샷을 할 때 그립을 1인치(약 2.5cm) 짧게 잡으면 거리는 10야드 (약 9.1m) 덜 나가지만, 정확성(페어웨이 안착률)은 10%포인트 높아진다는 법칙이다. 첫 홀 티샷, 페어웨이가 좁거나 양옆이 트러블인 홀에서 티샷, 길이가 짧은 파4·파5홀에서 티샷 등을 할 때 '1인치 룰'을 생각해볼 만하다.

참고로 아이언 클럽의 경우 그립을 1인치 짧게 쥐면 거리는 7야드(약 6.4m) 짧아진다는 조사가 있다. 파3홀 티샷에서 홀 거리에 따른 클럽 선택이 모호할 때도 이를 원용하면 원하는 거리를 맞출 수 있다.

3분의 2 룰

그린사이드 칩샷을 할 때 적용되는 룰이다. 볼이 그린을 갓 벗어난 지점에 멈췄다. 플레이 선엔 장애물이 없는 평이한 상황이다. 피칭웨지나 9번 아이언을 들고 칩샷을 한다고 할 때 볼에서 홀까지 전체 거리 중에서 '떠가는 거리(캐리)'를 2/3로 보고, 낙하 후 '굴러가는 거리(롤)'를 1/3로 보라는 얘기이다. 전체 거리가 9m라면 2/3 거리인 6m 지점에 볼을 낙하한 후 나머지 3m(1/3)는 굴러가게 하라는 것이다. 그 방법이 볼을 홀에 근접시킬 수 있는 길이라는 것이다.

85% 룰

한국계로는 최초로 미국 LPGA와 PGA투어의 클래스A 자격을 획득한 크리스티 박이 말하는 법칙이다. 퍼트 한 볼의 85%는 '아마추어 사이드(홀 아래쪽)'로 흐른다는 것이다. 경사진 그 린에서 퍼트한 볼이 홀 아래쪽으로 가 면 홀인 확률은 0에 가깝다.

안 들어가더라도 홀 위쪽(프로 사이 드)으로 치다보면 홀인 가능성도 있게 마련이다. '프로 사이드'로 치는 것을 강조한 말이다.

70% 룰

볼이 러프에 빠져 목표를 향해 직 접 샷을 할 것인가, 레이업을 할 것인 가를 결정할 때 적용하는 룰. 코리 페 이빈이 주장하는 것이다. 의사결정을 하기 전에 '내가 이 샷을 열 번 할 경 우 일곱 차례 성공할 수 있을 것인가' 를 자문해본다. 그 결과 일곱 번 이상 성공할 확신이 있을 경우에만 목표를 향해 직접 샷을 하라는 것이다. 물론 성공 확률이 70% 이하면 레이업을 한

다. 아니카 소렌스탐의 경우 이 확률을 60%로 조금 낮춰 잡는다.

🚩 황금의 8피트 룰

쇼트 어프로치 샷을 할 때 볼을 홀에서 2~10피트(60cm~3m) 떨어진 도넛형 구역에 떨어뜨리라는 룰이다. 쇼트게임 전문교습가 데이브 펠즈가

주장하는 바이다. 아마추어 골퍼들이 홀 주변 폭 8피트 지점에 볼을 멈추게 하면 파를 할 수 있고, 못해도 보기로 막을 수 있다는 것이다. 또 볼을 홀 옆에 바짝 붙이는 것이 아니기 때문에 느긋한 마음으로 편안하게 어프로치 샷을 할 수 있다는 장점도 있다.

🚩 더 퍼스트(The first) 18인치 룰

드라이버 샷을 위한 백스윙에서 유념해야 할 룰. 즉, 클럽헤드를 처음 뒤로 빼는 동작인 '테이크 어웨이'를 할 때 클럽헤드가 적어도 18인치(약 46cm)는 지면을 따라 낮게 움직여야 한다는 것이다. 그래야 스윙 아크가 커지고 제대로 된 스윙 플레인을 형성할 수 있다고 한다.

🚩 19인치 룰

그레그 노먼이 드라이버 샷을 할 때 강조하는 룰이다. 치려는 볼 앞 19인치(약 48cm) 지점에 가상의 '세컨드 볼'이 있다고 가정하고 그 임의의 볼까지 함께 친다는 마음으로 스윙을 하라는 것이다. 그렇게 하면 임팩트

직후에도 클럽헤드 스피드가 줄지 않고 가속됨으로써 장타를 내게 한다는 논리이다. 또 그런 스윙이라면 '폴로 스루'와 '피니시'도 자연스럽게 이루어질 수밖에 없다.

3-for-1 룰

그린사이드 벙커 샷을 할 때 스윙의 '세기'를 가늠할 수 있는 룰이다. 페어웨이에서 같은 거리의 샷을 할 때보다 3배의 세기로 모래를 쳐주라는 뜻이다. 예컨대 볼에서 홀까지 10m인 벙커 샷을 한다면 페어웨이에서 30m를 보낼 정도의 힘으로 볼 뒤 모래를 치라는 얘기이다. '×3'의 룰이라고 생각하면 쉽게 기억할 수 있다.

백 그라운드 룰

그린 주변의 환경이나 지형은 골퍼들에게 착시 현상을 야기할 수 있으므로, 잘 이용하면 거리 판단을 하는 데 도움이 될 수 있다는 경험 법칙이다. 요컨대 그린이 나무나 언덕으로 둘러싸여 있으면 실제보다 더 가깝게 보인다. 반면 그린 뒤쪽이 아무것도 없이 툭 트여 있으면 실제보다 더 멀리 보인다. 트여 있을 경우 거리 판단이 더 어려워질 것은 자명한 일이다. 투어 프로들은 그린 주변에 갤러리들이 운집해 있을 경우 그린 적중률이 높아진다는 데서 이를 알 수 있다. 거리 판단이 모호할 경우 그린 주변의 장애물 유무를 따져보면 클럽 선택을 하는 데 도움을 받을 수 있다.

90도 룰

백스윙톱에서 클럽헤드는 목표를 향하고 샤프트는 지면과 수평이 되는 것이 바람직하다는 것을 모르는 골퍼는 없다. 그러나 좋은 것을 알지만, 어떻게 실천할지가 문제이다.

톱을 매번 일정하게 할 수 있는 방법으로 '오른 팔꿈치가 이루는 각도가 90도가 됐을 때 백스윙을 끝낸다'라는 것이 바로 90도 룰이다. 이 룰을 익혀두면 톱에서 클럽이 매번 같은 위치에 오게 되고, 그것은 일관된 스윙으로 연결된다. 스윙 타이밍도 좋아진다. 또 팔꿈치가 너무 오므라지거나 펴져서 발생할 수 있는 힘의 손실을 막아줌으로써 파워풀한 샷을 가능케 한다.

스코어와는 관계없는 것이나 골퍼라면 알아두어야 할 기본 룰이다. 특히 해외에서 라운드할 때 이 룰을 지키지 않아 망신을 당하는 골퍼들이 종종 있다. 국내는 나인브릿지GC 정도만 골프카를 페어웨이에 진입할 수 있도록 하지만, 해외 골프장 중에는 상당수가 골프카를 타고 페어웨이로 들어갈 수 있도록 한다. 골프카를 페어웨이로 몰 때 볼 근처까지는 카트 도로를 이용하고, 볼 근처에 가서 90도로 틀어 '직각'으로 들어가라는 뜻이다. 그래야 잔디 손상이 최소화되기 때문이다.

플레이는 신속하고 조용하게(Play fast and quiet)

골프 에티켓에서 가장 중요시되는 두 가지 룰이다. 동반자가 어드레스에 들어가면 정숙을 유지해야 하고, 플레이는 가능하면 빠르게 하라는 것이다. 이 두 가지만 잘 지켜도 '매너 있는 골퍼'라는 평판을 들을 수 있다.

빠르게 플레이하라고 해서 스윙을 빠르게 하라는 얘기는 아니다. 스윙은 각자 템포나 타이밍에 맞게 하되, 이동할 때는 속보로 하고, 자신의 순서가 올 때까지 기다리는 동안엔 샷 준비를 하라는 뜻이다.

less loft=less wrists=more margin for error

그린 주변에서는 가능하면 굴려 치라는 얘기이다. 볼이 그린을 갓 벗어났지만 볼에서 홀까지 별다른 장애물(벙커·워터해저드·개울·경사지·러프)이 없다. 이런 경우 굴리는 칩샷을 하는 것이 가장 이상적이라는 법칙이다. 로프트가 작은 클럽을 쓰면 손목을 덜 사용하게 되고 그러면 실수확률도 낮아진다는 논리이다. 가까운 거리인데도 볼을 멋지게 띄워서 홀에 붙이는 일은 프로들에게 맡기자.

플레이의 황금률(A golden rule of play)

그린 주변에서 플레이할 때 적용되는 법칙으로 톰 왓슨이 주장하는 것이다. 볼이 그린을 갓 벗어난 지점에 멈췄다. 퍼터를 쓸 것인가, 칩샷을 할 것인가로 망설여지는 상황이다. 이때 플레이 선에 별다른 장애물이 없다면 퍼터를 사용하는 것이 볼을 홀에 더 붙일 수 있다는 뜻이다.

왓슨은 "A bad putt is better than a bad chip."이라고 강조한다. 똑같은 실수를 해도 칩샷보다 퍼터를 사용했을 때가 그나마 낫다는 얘기이다.

80/20 룰

드라이버 샷을 위한 어드레스에서 보통 아마추어 골퍼는 주어진 시간의 80%를 볼을 응시하는 데 쓰고, 나머지 20%는 타깃을 바라보는 데 쓴다. 그러나 프로는 반대이다. 볼을 보는 데는 20%만 쓰고, 나머지 80%는 타깃에 집중하는 데 쓴다. 아마추어들처럼 볼에 너무 신경을 쓰면 목표의 집중도가 떨어지며 근육에 긴장을 몰고와 릴리스를 방해하게 된다. 그래서 볼은 오른쪽으로 많이 간다. 볼보다는 타깃에 더 집중하라는 얘기이다.

📍 15피트 룰

미국 PGA투어 프로 커크 트리플릿이 주장하는 것이다. 트리플릿은 파3홀에서 다른 선수들보다 강하다. 그는 파3홀에서 스코어를 잘 내는 요령으로 거리에 맞는 클럽을 고르는 것과 적절한 낙하지점을 선정하는 것을 든다.

15피트(약 4.5m) 룰은 후자와 관련 있는 것이다. 즉 깃대 왼편에 해저드가 있으면 깃대가 아니라 깃대 오른쪽 15피트 지점을 겨냥하고, 깃대 오른편에 해저드가 있으면 깃대 왼쪽 15피트 지점을 겨냥하는 것이 '하이스코어'를 막는 길이라고 말한다.

📍 ×10 룰

쇼트게임 교습가 데이브 펠즈가 주장하는 것으로 층이 진 그린에서 퍼트거리를 정할 때 계량화할 수 있는 법칙이다. 요컨대 층의 높이에 10을 곱한 다음 그 거리만큼 가감해 스트로크하라는 것이다. 이를테면 홀이 위층 그린, 볼이 아래층 그린에 있고 그린 위·아래의 높이가 30cm라고 하자. 이 경우 10을 곱하면 300cm(3m)가 된다.

평지에서 퍼트할 때보다 3m 더 길게 친다는 생각으로 스트로크하라는 얘기이다. 물론 홀이 아래층 그린에 있고, 볼이 위층 그린에 있다면 실제 거리보다 3m 짧게 쳐야 한다.

📍 4인치 룰

굽어진 퍼트라인에서 유용하게 써먹을 수 있는 룰이다. 브레이크(퍼트라인이 굽어진 정도)가 4인치 이상이라고 확신할 때에만 컵 바깥쪽을 겨냥하라는 뜻이다. 4인치가 안 되는데도 컵 바깥쪽을 겨냥해 퍼트를 실패하는 골퍼들이 많다. 이른바 '프로 사이드'를 너무 의식한 결과이다.

왜 하필 4인치(101.6mm)인가. 그것은 컵의 직경이 4.25인치(108mm)라는데 근거를 두고 있다. 브레이크가 4인치 이내면 컵 폭보다 작기 때문에 컵 바깥쪽이 아니라 컵 가장자리를 겨냥해도 홀인 가능성이 있다는 뜻이다.

'로(low)'의 법칙

낮은 구질이 필요할 때가 있다. 플레이 선에 나무가 있거나 맞바람이 세게 부는 경우 등이다. 이때 그립을 낮춰(짧게) 잡으라고 권장된다. 그런데 그립을 낮춰 잡으면 샤프트가 굽어질 수있는 지점도 짧아져서 강도는 더 높아진다. 샤프트가 더 딱딱해진다는 말이다. 그러면 자연히 친 볼도 낮게 갈 수밖에 없다.

요컨대 '그립을 낮춰 잡으면 볼도 낮게 나간다'라는 경험 법칙이다. 그립을 낮춰 잡으면 제거리보다 적게 나가므로 처음부터 한 클럽 긴 것을 선택하는 것이 긴요하다.

02 상황별 대처 노하우

라이가 나쁠수록 볼은 뒤쪽에

그린 주변에서 칩샷이나 피치 샷을 할 때 라이에 따른 볼 위치를 알려주는 경험 법칙이다. 즉 라이가 좋지 않을수록 볼은 스탠스 뒤쪽에 놓으라는 것이다.

라이가 안 좋으면 견실한 콘택트가 어려워진다. 이때 볼을 스탠스 뒤쪽으로 놓으면 클럽헤드가 다른 장애물에 닿기 전에 볼을 맞힐 가능성이 높아지기 때문에 나온 얘기이다.

🏴 두 클럽 길게 잡아라

볼이 발보다 높은 위치에 있는 '발끝 오르막' 라이에서 적용하는 법칙이다. 이런 경우 볼은 겨냥한 지점보다 왼쪽으로 가게 마련이고, 생각하는 거리보다 짧게 나오는 것이 일반적이다. 이 법칙은 후자와 관련이 있다. 골퍼가 볼에 그만큼 다가서야 하므로 클럽을 짧게 쥘 수밖에 없다.

더욱 원하는 거리를 내려고 풀스윙을 하다보면 균형이 무너질 수 있다. 이런 라이에서는 평지의 같은 거리 때보다 두 클럽 긴 것을 잡고 스리쿼터(3/4) 스윙을 해주는 것이 균형도 유지하고 제 거리를 확보하는 길이다.

🏴 세 가지 황금률

'커리어 그랜드슬래머'인 게리 플레이어가 주장하는 것으로 라이가 나쁠 때 적용할 수 있는 것이다. 볼의 라이가 나쁠 때는

①어드레스 때 긴장을 푼다. 무릎을 굽힌다.

②백스윙 때 느린 회전을 해준다.

③되도록 빠른 속도로 볼을 때려 폴로 스루로 이어지게 한다.

🏴 U스윙·V스윙

톰 왓슨이 벙커 샷을 할 때 염두에 두는 법칙이다. 보통의 그린사이드 벙커 샷은 클럽헤드가 모래를 헤쳐나갈 때 'U자' 형태라고 한다.

그러나 볼을 높게 띄워서 곧바로 멈추게 할 경우엔 'V자' 형태가 돼야

한다는 것이다. 브리티시오픈 개최 코스처럼 벙커 턱이 높을 때, 깃대가 앞쪽에 꽂혔을 때 등에는 V자형 스윙이 필요하다. 백스윙 때 손목을 바로 꺾어 클럽을 치켜 올리고, 다운스윙 때에도 급격한 궤도로 볼 밑을 내려치면 거리는 짧되 높은 탄도의 샷을 할 수 있다.

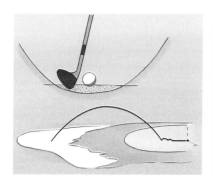 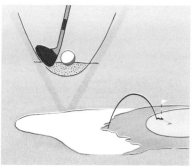

🏌 레이업의 다섯 가지 법칙

브리티시오픈에서 다섯 번이나 우승한 톰 왓슨이 정리한 것이다. '레이업(lay up)'은 목표를 향해 바로 샷을 하지 않고 장애물을 피해 우회하는 샷을 일컫는다. 예컨대 길이 380m 파4홀이 있고, 그린 앞에는 워터해저드가 도사리고 있다. 이 경우 두 번째를 해저드 앞에 떨어뜨린 뒤 세 번째 샷으로 승부를 거는 것이 레이업이다.

①에러 마진을 크게 할 것. 실수에 대비한 여유를 많이 두라는 얘기이다.

②다음 샷에 가장 좋아하는 거리를 남겨라.

③라이가 좋은 곳에 떨어뜨려라.

④풀스윙 거리를 남겨두어라.

⑤다음 샷 공략 각도를 감안하라.

🚩 오르막 · 내리막 경사에서 거리 판단하는 5야드 · 10야드 룰

국내 골프장은 대부분 산악 지형에 들어서 기복이 심한 편이다. 그린이 솟아 있거나, 발 아래에 있는 경우가 많은 것. 이처럼 업힐이나 다운힐 라이에서 거리를 보정하는 방법이 있다. 그린이 볼 있는 곳보다 높이 있는 '포대 그린'의 경우 수직으로 5야드 높이마다 1클럽을 더 잡는다.

그 반대로 그린이 볼보다 아래에 있을 경우 수직으로 10야드 높이마다 1클럽을 덜 잡는다. 예컨대 남서울CC 1번 홀의 경우 티샷이 페어웨이 벙커 사이에 떨어졌다고 하자. 그린까지 거리는 150야드. 그런데 그린이 볼보다 수직으로 약 10야드가량 높다. 이런 경우 두 클럽을 더 보아야 하므로 170야드에 맞는 클럽을 선택하라는 말이다.

그 반대로 같은 골프장 17번 홀(파3)은 거리가 160야드, 티잉 그라운드와 그린의 표고 차가 20야드라면 두 클럽을 짧게 잡으라는 얘기이다.

스마트한
골프를 위한
보너스 팁

골프 규칙을 알면
1타가 준다

골프 규칙은 골퍼들에게 벌만 주려고 있는 것이 아니다. 잘 알아두면, 샷을 하거나 스코어를 관리하는 데 도움이 되는 것들도 적지 않다. '아는 것이 힘'이라는 말이 골프 규칙에서처럼 정확히 들어맞는 것이 있을까. 모호한 상황에서 '몰라서 손해를 보는 일'을 경험해봤을 것이다. 규칙에 정통해 있으면 동반자가 위반을 했을 때 당당히 항의할 수 있다.

 ## 1 드롭 잘하면 큰 원군이 된다

볼이 워터해저드(노란 말뚝)에 빠지면 1벌타를 받은 뒤 볼이 '최후로 해저드 경계선을 넘어간 지점'과 홀을 연결하는 해저드 '후방선상'에 드롭하고 칠 수 있다. 이때 골퍼들은 조금이라도 홀에서 멀어지지 않기 위해 최대한 해저드 쪽에 드롭하고 치는데 그럴 경우 '왼발 내리막' 라이에 걸릴 수 있다. 몇 m를 손해 보더라도 후방으로 더 가 스탠스와 잔디 상태가 좋은 곳에 볼을 드롭하는 것이 현명하다.

또 경사지에서 드롭하면 볼이 굴러가게 마련인데, 이때 두 번째 드롭한 볼마저 두 클럽 길이를 벗어나면 볼을 낙하지점에 플레이스해야 한다. 이 경우 두 번째 드롭할 때 잔디가 좋은 곳에 떨어뜨리면 라이가 좋은 곳에 놓고 칠 수 있다.

볼이 카트 도로에 멈출 경우도 마찬가지이다. 이때에도 카트 도로를 벗어난 지점(니어리스트 포인트)으로부터 한 클럽 길이 내에 드롭할 수 있다. 카트 도로가 아니라, 니어리스트 포인트로부터 한 클럽 길이 이내이므로 골퍼들은 훨씬 선택의 폭이 넓어진다. 더 좋은 곳에 볼을 떨어뜨릴 수 있는 것. 하찮게 보이는 드롭이라 할지라도 세심하게 신경을 쓰면 그만한 보답이 따른다.

2 분실 · OB 위험 때는 반드시 잠정구

친 볼이 분실 또는 OB 위험이 있을 경우는 반드시 잠정구를 쳐라. 그러면, 원구를 찾지 못하더라도 잠정구로 플레이할 수 있어 당황하지 않게 된다. 잠정구는 원구가 있을 곳으로 예상되는 지점까지는 치고 갈 수 있다. 다행히 원구가 발견되면 원구로 인플레이하면 되고, 불행히 원구를 5분 안에 찾지 못하면 잠정구로 플레이를 속개하면 된다. 분실이나 OB 위험이 있는데도 잠정구를 치고 나가지 않았다가, 원구를 찾지 못하면 당황할 수밖에 없다. 대개는 로컬룰로써 그 주변에 새 볼을 놓고 치지만, 규칙대로라면 볼을 쳤던 지점으로 되돌아가야 한다. 그보다 난처한 일이 있을까.

특히 파3홀에서는 원구가 위험할 때 꼭 잠정구를 치는 습관을 들이는 것이 바람직하다. 원구를 찾지 못했다고 하자. 잠정구를 쳐서 그린에 올리고 2퍼트로 마무리하면 더블보기로 막을 수 있다. 그러나 잠정구를 치지 않고 나가 그린 주변에서 치게 되면 통상 4타째가 되고, 그 쇼트 어프로치 샷을 붙여야 4온 1퍼트로 더블보기가 된다. 까딱 잘못하면 트리플보기가 되고 만다. 어느 쪽을 선택해야 할지는 자명해진다. 캐디가 "그냥나가서 쳐라."라고 해도 파3홀에서는 반드시 잠정구를 치고 가라.

3 벙커에 박히거나 턱밑에 멈출 경우 '언플레이어블 볼' 고려

그린 사이드 칩(피치)샷이 짧아 벙커에 박히거나 높은 벙커 턱 밑에 멈출 경우 대부분 골퍼들은 벙커 샷을 강행한다. 그러다가 벙커 안에서 순식간에 1~2타를 허비하곤 한다. 이 경우 1벌타를 받더라도 언플레이어블 볼을 선언하는 것이 어떨까. 벙커에서는 언플레이어블 볼을 선언할 수 없는 것으로 아는 골퍼들이 있으나 그것은 오해이다. 벙커에서도 얼마든지 언플레이어블 볼을 선언할 수 있다.

벙커에서 언플레이어블 볼을 선언하면 1벌타를 받은 뒤 벙커 밖 종전 쳤던 곳으로 되돌아가 칠 수도 있다. 종전 친 샷이 티샷이 아니라면, 다시 말해 200m 이상 먼 곳이 아니라면 플레이를 지체하지 않고 갈 수 있지 않은가.

예컨대 그린 주변에서 쇼트 샷을 하는데 플레이 선에 벙커가 있어서 볼을 높이 띄운다는 것이 짧아 벙커에 박힐 경우를 상정해보자. 이때 언플레이어블 볼을 선언하고 1벌타를 받은 후 종전 쳤던 곳으로 되돌아가는 것은 그리 어렵지 않다. 무모한 고집을 부리는 것보다 실리를 택하는 것이 유리할 때가 많다.

 볼이 벙커 밖에 있을때 재빨리 벙커 정리

벙커 턱이 높은 경우 벙커 샷을 한 볼이 턱을 맞고 다시 벙커로 굴러 오는 일이 잦다. 그런데 화불단행(禍不單行)이라던가. 이 경우 십중팔구는 골퍼가 만든 발자국에 볼이 멈춘다. 발자국은 파이게 마련이고, 볼은 낮은 곳으로 가는 것이 자연현상이므로 어쩔 수 없다. 그렇게 되면 다음 샷 라이는 더 나빠진다. 이런 경험을 안 해본 골퍼가 있을까.

그러나 방법은 있다. 단, 영악해져야 하고 동작이 빨라야 한다. 그것은 친 볼이 벙커로 굴러 내려오는 동안 재빨리 모래를 평평하게 하는 것이다. 그러면 최악의 라이는 피할 수 있다. 물론 골프 규칙상 문제가 없다. 볼이 벙커 밖에 있는 동안은 어질러진 모래를 평평하게 해도 아무런 상관이 없기 때문이다(규칙 13-4 예외 조항 참조).

'벙커 샷이 벙커를 탈출하지 못해 심란한 판에 어떻게 그런 것까지 생각할 겨를이 있겠는가'라고 되묻지 마라. 규칙이 허용하는 한 자신에게 유리한 환경을 조성하는 것은 골퍼 몫이다. 최후의 승자는 그런 골퍼들이다.

 꺼림칙하면 언제 어디서든 마크 요구

특히 그린 주변이나 그린에서 그렇다. 동반자의 볼이 그린에 오른 상태(마크하지 않음)에서 자신이 그린 밖에서 친 볼이 동반자 볼을 맞힐 수 있다. 이 경우 자신은 볼이 멈춘 자리에서 플레이를 속개하고, 동반자 볼은 원위치에 갖다놓아야 한다. 부딪쳐서 더 좋아질 수도 있겠지만, 볼이 엉뚱한 방향으로 가 피해를 볼 가능성이 높다. 이때 동반자에게 마크를 하라고 한 뒤 샷을 하는 것이 좋다.

골프 규칙은 그린이 아닌 곳에서도, 동반자의 볼이 실제적·심리적으로 방해가 될 경우 언제든지 마크를 요구할 수 있도록 허용하고 있다. 예컨대 자신은 그린 밖 20m지점에서 쳐야 하는데, 그린 밖 10m지점에 있는 동반자의 볼이 플레이 선에 있어 부딪칠 것 같다.

이때 얼마든지 마크를 요구할 수 있다. 동반자 볼이 자신의 볼 바로 옆에 붙어 있어서 치는데 신경에 거슬릴 경우도 마찬가지로 마크를 요구할 수 있다.

마크 요구는 정당하며, 만약 동반자가 거부할 경우 동반자에게 벌타가 가해진다.

6 동반자에게 거리를 물어보아도 상관없다

2007년까지는 거리에 대한 정보를 물어보는 것이 '어드바이스'에 속했다. 그러나 미국골프협회(USGA)와 영국왕립골프협회(R&A)가 4년마다 개정해 2008년부터 발효한 규칙에서는 동반자나 심지어 동반자의 캐디에게까지 거리를 물어보는 것은 어드바이스가 아니라고 규정하고 있다. 따라서 먼저 친 동반자한테 "홀까지 얼마를 보고 쳤느냐?", "목표까지 얼마를 보았느냐?", "맞바람이 부는데 워터해저드 앞까지 얼마 정도를 보아야 하느냐?" 등을 묻는 것은 벌타가 따르지 않는다.

동반자가 답변을 하든 말든 그것은 동반자 자유이지만, 동반자가 답변을 해도 물어본 사람이나 답변한 사람 모두에게 벌타가 가해지지 않는다.

따라서 거리 판단이 모호할 때는 동반자에게 도움을 요청하는 것도 해결책이 될 수 있다. 물론 동반자의 캐디가 더 경험 있어 보이면 그에게 물어보아도 상관없다.

 볼의 일부라도 그린에 닿아 있으면 '온 그린'이다

어프로치 샷을 한 볼이 그린 가까이에 떨어졌다. 가보니 볼이 그린에 닿을락말락 한 상태. 이 경우 '온 그린' 여부가 중요하다. 온 그린이면 볼을 집어 올려 닦을 수 있지만, 온 그린이 아니면 그 상태대로 쳐야 하기 때문이다.

종종 동반자들끼리 논쟁을 하는 경우를 본다. 규칙은 어떻게 돼 있을까. '볼의 일부라도 그린에 접촉하고 있으면 온 그린으로 본다'고 돼 있다. 골퍼에게 유리한 조항이다.

단, 위에서 보면 볼이 그린에 올라 있지만, 옆에서 보니 볼이 그린에서 떨어져 있다면 온 그린으로 보지 않는다. 볼이 조금이라도 그린에 닿아 있지 않은 경우이기 때문. 이때는 볼에 모래나 풀잎이 묻어 있어도 그 상태대로 쳐야 한다.

 볼이 고무래에 걸치는 경우는 행운이다

친 볼이 벙커를 향하다가 턱이나 그린 밖에 있는 고무래에 걸려 멈춰버리는 일이 있다. 이는 행운이라고 할 수 있다. 그런데 그곳이 경사지여서 고무래를 치우면 볼이 움직일 것 같은 경우에는 어떻게 처리하는지 몰라 물어보는 골퍼들이 있다.

벙커 모래를 고르는 고무래는 '움직일 수 있는 장애물'이다. 볼이 장애물에 걸릴 경우 당연히 구제받을 수 있다.

단, 순서가 문제이다. 볼이 장애물에 걸쳐 있을 땐 장애물을 먼저 치워야 하므로 이 경우 고무래를 먼저 치워야 한다. 볼이 움직이지 않으면 그대로 플레이하면 되고, 움직이면 제자리에 갖다놓은 뒤 플레이를 속개하면 된다.

볼이 움직여 벙커로 굴러들어갈 경우 이 규칙을 몰라 벙커 샷을 하게 된다면 얼마나 억울한 일인가. 아는 것이 힘이다.

9 볼이 홀 가장자리에 걸려 있을 경우 10초간 기다릴 수 있다

그린 밖에서 한 어프로치 샷이나, 그린에서 퍼트한 볼이 홀 가장자리에 걸려 있을 있을 수가 있다. 흔히 하는 말로 '반 바퀴'만 더 굴렀어도 들어가는 상황이다.

이런 경우 어떻게 해야 할까. 10초 동안 기다릴 수 있다. 10초 안에 볼이 홀 속으로 떨어지면 '전(前) 스트로크'로 홀아웃한 것이 된다.

예컨대 파4홀에서 2온 후 첫 번째 퍼트가 홀 가장자리에 멈췄다가 10초 안에 들어갈 경우 버디로 인정된다는 뜻이다.

그러나 10초가 지나면 소용없다. 10초가 지난 뒤 볼이 홀 속으로 떨어

지면 1타를 부가해야 한다. 위 예라면 '파'가 되는 것이다.

　10초는 플레이어가 부당한 지체 없이 홀 근처에 도달한 순간부터 재는 시간이다. 친 지점에서 홀 쪽으로 이동하는 시간은 빼고, 홀 근처에 다다른 뒤 재는 것이므로 골퍼들은 이 규정을 충분히 이용할 필요가 있겠다.

알아두면 쓸모 있는
골프 용어 25선

골프 용어는 수백, 수천 가지에 이른다. '스루 더 그린'이나 '캐주얼 워터'처럼 공식적인 것이 있는가 하면 '멀리건'이나 '러프'처럼 비공식적인 것도 있다. 또 섹스나 유명인, 인생을 빗댄 말도 있다. 이 모든 용어를 책으로 꾸미면 한 권으로도 모자랄 것이다. 그 많은 용어 가운데 골퍼들이 스코어를 줄이는 데 도움이 되거나, 상급자가 되는 데 반드시 알아야 할 용어를 몇 가지만 모았다.

1 아마추어 사이드 · 프로 사이드

그린에서 퍼트라인이 경사가 심하거나 굴곡이 져 있을 때가 있다. 이 경우 퍼트라인을 잘 살펴야 볼이 홀 속으로 들어가는데, 홀보다 아래쪽을 '아마추어 사이드'라고 일컫는다. 자연히 홀보다 위쪽은 '프로 사이드'이다. 아마추어 골퍼들은 이런 그린에서 퍼트할 때 친 볼이 주로 홀 아래로 흐르게끔 친다는 데서 유래했다. 프로들은 주로 홀 위쪽으로 친다. 위쪽으로 쳐야 홀인 가능성이 조금이라도 있는 것은 불문가지이다.

2 브레이크

그린의 굴곡이나 경사 또는 퍼트한 볼이 굽어지는 것이나 그 정도. 퍼트라인이 굽어져 있을 경우 '브레이크(break)가 있다', '브레이크가 심하다'라고 표현한다. 아마추어 골프 세계에서 흔히 쓰는 '라이가 있다', '라이가 없다'는 것은 틀린 말이다. 라이는 말 그대로 볼이 놓인 상태를 말한다. 교습가들은 브레이크 퍼트에서는 퍼트라인에서 볼이 가장 많이 휘어질 것으로 예상되는 지점(변곡점)을 향해 볼을 치라고 권장한다.

3 캘러웨이 핸디캡 시스템 · 더블 페리오 핸디캡 방식

핸디캡을 간단하게 정의하면 '한 코스의 기준 타수보다 많거나 적게 치는 타수'를 말한다.

예컨대 파가 72인 코스에서 평균적으로 90타를 치면 핸디캡은 18 (90-72)이 되는 것. 핸디캡을 정확히 계산하려면 최근 치른 5~10라운드의 스코어카드를 골프협회나 골프장 측에 제출하면 된다.

그러나 그렇게 하기는 쉽지 않은 일. 그래서 아마추어들은 여러 명이 모여 친선경기를 할 때 그날의 스코어를 기준으로 즉석에서 핸디캡을 산출, 순위를 정한다. 그 방법으로 현재 가장 많이 쓰이는 것이 '캘러웨이 핸디캡 시스템'과 '더블 페리오 핸디캡' 방식이다. 두 방식을 이용하려면 반드시 표가 있어야 한다. 두 방식 모두 당일 그로스스코어에서 핸디캡을 뺀 네트스코어로 순위를 가리는데 네트스코어가 가장 적은 참가자가 우승, 그 다음이 2위, 또 그다음이 3위하는 식으로 시상을 하게 된다.

❶ 캘러웨이 방식

아마추어들의 친선경기에서 참가자들의 핸디캡이 정확하지 않다고 생각될 때 보편적으로 이용되고 있는 방법이다. 미국의 프로 골퍼 라이오넬 F 캘러웨이가 1957년에 고안한 것으로 당일의 스코어를 기준으로 일정한 표에 따라 '차감 및 조정'을 거친 뒤 참가자들의 핸디캡을 결정한다. 핸디캡이 나오면 그로스스코어에서 핸디캡을 빼 네트스코어를 계산한 뒤 그것으로 순위를 정하는 것이다.

사례

A씨의 당일 스코어가 96이라고 하자. 먼저 오른쪽 산출표에서 96을 찾은 뒤 그 오른쪽에 있는 '차감'을 본다. 3이라고 돼 있다. 이는 18홀 중 스코어가 가장 나쁜 세 홀을 추려낸다는 의미이다. 그날 스코어 중 가장 나쁜 것이 9, 8, 7이고 그것을 합치면 24가 된다. 산출표에서 96아래쪽에 있는 '조정'란을 보면 '-2'이다. 즉, 24에서 2를 뺀 22가 그날 핸디캡이 된다. 따라서 A씨의 네트스코어는 74타(96-22)이다. A씨는 이 74타로 다른 참가자들과 견주어 순위를 가린다. 또 하나의 사례로 B씨의 당일 스코어는 83타이다. 가장 나쁜 홀 스코어는 6과 5이다. 산출표의 83타 오른편 '차감'을 보면 1과 2분의 1이다. 가장 나쁜 스코어 6에다 그다음 나쁜 스코어 5의 2분의 1, 즉 2.5를 합하면 8.5가 된다. 그런데 단서 조항 ②에 따라 반올림하여 9가 된다. 다음 83타 아래의 조정란은 '0'이어서 조정할 필요가 없으므로 당일 핸디캡은 9이다. 당연히 네트스코어는 74타(83-9)이다. A와 B의 네트스코어가 같지만, 핸디캡이 적은 B가 더 좋은 순위가 된다.

캘러웨이 방식 핸디캡 산출표

		스코어			차감	
		70	71	72	0	차감 및 조정 없음
73	74	75	–	–	1/2	가장 나쁜 홀 및 조정
76	77	78	79	80	1	가장 나쁜 홀 및 조정
81	82	83	84	85	1과 1/2	가장 나쁜 홀 및 조정
86	87	88	89	90	2	가장 나쁜 홀 및 조정
91	92	93	94	95	2와 1/2	가장 나쁜 홀 및 조정
96	97	98	99	100	3	가장 나쁜 홀 및 조정
101	102	103	104	105	3과 1/2	가장 나쁜 홀 및 조정
106	107	108	109	110	4	가장 나쁜 홀 및 조정
111	112	113	114	115	4와 1/2	가장 나쁜 홀 및 조정
116	117	118	119	120	5	가장 나쁜 홀 및 조정
121	122	123	124	125	5와 1/2	가장 나쁜 홀 및 조정
126	127	128	129	130	6	가장 나쁜 홀 및 조정
−2	−1	0	+1	+2	……	조 정

※주 : ①한 홀의 스코어는 파의 배를 넘을 수 없다.
　　②2분의 1타는 1타로 계산한다.
　　③제 17번째 및 18번째 홀 스코어는 차감하는 대상에서 제외한다.
　　④같은 타수일 경우 핸디캡이 적은 편이 우선한다.

∷ 단서 조항

캘러웨이 방식에는 네 가지 단서가 있다.

①한 홀의 스코어는 파의 배(더블파)를 넘을 수 없다.

②2분의 1타는 1타로 계산한다.

③제 17번째 및 18번째 홀 스코어는 차감하는 대상에서 제외한다.

④동타일 때에는 핸디캡이 적은 편이 우선한다.

실제 써먹으려면

처음엔 생소할 수 있다. 그러나 몇 차례 '총무 역할'을 하다보면 익숙해진다. 일단 참가자들이 들어오는 대로 스코어카드를 걷어야 한다. 스코어는 흔히 하는 것처럼 0(파), 1(보기), 2(더블보기) 식으로 적기보다는 원칙대로 4(파), 5(보기), 6(더블보기)으로 적어야 가장 나쁜 홀 스코어를 쉽게 가려낼 수 있다.

스코어카드를 받자마자 '더블파' 이상이 있는지 살펴서 있을 경우엔 더블파로 수정해야 한다. 단서 조항 ①에 의거한 것으로, 특정 홀에서 비정상적인 스코어의 편차를 줄이려는 의도이다. 끝으로 차감하는 가장 나쁜 홀 스코어가 17, 18번째 홀에 있다면 그것은 제외해야 한다. 인에서 출발했다면 8, 9번 홀이 해당된다.

왜냐하면 이 방식을 악용, 일부러 핸디캡을 높여 네트스코어를 낮추려고 막판에 의도적으로 하이 스코어를 낼 수 있기 때문이다. 좀 번거롭기 때문에 요즘엔 더블 페리오 방식을 많이 쓴다.

❷ 더블 페리오 방식

더블(신) 페리오 방식은 최근 애용되는 것인데, 핸디캡과 네트스코어가 소수점까지 나오는 것이 특징이다.

원리는 주최 측이 참가자들 몰래 12개 홀(파48-파4홀 8개, 파3 및 파5홀 각 2개)을 미리 지정해놓고, 그 12개 홀의 스코어를 기준으로 핸디캡과 네트스코어를 산출해 순위를 정하는 것이다.

몰래 12개 홀을 정하는 것은 참가자들이 특정 홀에서 스코어를 조작하는 것을 막기 위한 취지이다.

원리는 복잡한 듯하지만, 표가 있으면 간단하게 계산할 수 있다. 원리를 설명하면 이렇다. 먼저 12개 홀에서 기록한 합계 스코어를 1.5배 한다. 거기에서 코스의 파를 뺀 뒤 그것의 80%를 핸디캡으로 정하는 것이다. 이를테면 12개 홀의 합계 스코어가 70이라면 1.5배 하여 105가 되고, 거기에서 코스의 파 72를 뺀 33의 80%인 26.4가 핸디캡이 되는 것이다.

이를 간단히 공식으로 표시하면 다음과 같다.

$$핸디캡 = (숨겨진\ 12개\ 홀의\ 총\ 타수 \times 1.5 - 72) \times 0.8$$

이 방식 역시 캘러웨이 방식처럼 항상 표를 지니고 다니면 위와 같은 복잡한 계산 과정을 거치지 않고 곧바로 핸디캡을 산출할 수 있다.

요컨대 이 조견표는 12개 홀 스코어를 알기만 하면 바로 핸디캡이 나오도록 미리 계산돼 있다. 핸디캡이 나오면 당일 그로스스코어에서 이를 빼서 네트스코어를 산출하고, 그것으로써 순위를 정한다.

⠿ 집계를 빠르게 하는 방법

스코어카드상의 스코어는 오버파만 적도록 하면 나중에 계산이 쉽다. 예컨대 파4홀에서 보기를 할 경우 '5'대신 '1'로 적으라는 말이다. 그러면 나중에 12개 홀 스코어를 낼 때 그 숫자만 합한 뒤 48을 더하면 된다.

미리 그 코스의 스코어카드를 입수하고 숨겨놓을 12개 홀을 선정해야 한다.

조심해야 할 것은 위에서 말했듯이 파4홀이 8개(전·후반 4개씩), 파3과 파5홀이 2개씩(각각 전·후반 1개)이 되도록 하는 것이 좋다. 그래야 합하여 파가 48이 된다. 그런 뒤 그 12홀의 스코어를 적는 난(4명 모두)을 미리 칼로 오려내버린다.

맨 앞의 골퍼 이름 쓰는 부분도 오려내야 한다. 나중에 선수들이 낸 스코어카드와 이 오려낸 스코어카드를 오버랩시키면 선수 이름과 숨겨진 12개 홀의 스코어가 확 눈에 들어온다. 그러면 그것만 합산하면 된다.

사례

한 골퍼가 92타를 쳤는데 나중에 알고보니 숨겨진 12개 홀에서 모두 보기를 범했다고 하자. 그러면 숨겨진 12개 홀 스코어 합계는 60타(48+12)가 된다.

조견표에서 60을 보면 그 옆 숫자는 14.4가 나오는데 이것이 그 골퍼의 그날 핸디캡이다. 따라서 그 골퍼의 네트스코어는 77.6타(92-14.4)가 된다. 이 네트스코어를 가지고 다른 참가자와 비교해 순위를 가린다. 네트스코어가 같을 경우 핸디캡이 낮은 참가자가 이긴다.

또 다른 예를 들어본다. 한 골퍼가 그날 73타를 쳤다. 그런데 숨겨진 12개 홀에서 모두 파를 했다. 그러면 숨겨진 12개 홀 스코어는 48타가 된다.

조견표에서 48을 보면 핸디캡이 0으로 나온다. 그날 그 골퍼의 핸디캡은 0이므로 네트스코어는 73타(73-0)가 된다. 이 73타를 가지고 다른 참가자들의 네트스코어와 비교해 순위를 정한다.

더블 페리오 방식 조견표(파 72의 경우)

12개 홀 합계 스코어	핸디캡
48 이하	0.0
49	1.2
50	2.4
51	4.8
52	4.8
53	6.0
54	7.2
55	8.4
56	9.6
57	10.8
58	12.0
59	13.2
60	14.4
61	15.6
62	16.8
63	18.0
64	19.2
65	20.4
66	21.6
67	22.8
68	24.0
69	25.2
70	26.4
71	27.6

12개 홀 합계 스코어	핸디캡
72	28.8
73	30.0
74	31.2
75	32.4
76	33.6
77	34.8
78	36.0
79	37.2

4 초크 다운(Choke down)

　그립을 아래로 짧게 잡는 것을 말한다. 1인치 짧게 잡을 때마다 드라이버는 약 10야드(9.1m), 아이언은 약 7야드(6.4m) 거리가 짧아진다는 분석이 있다. 그러나 거리가 짧아지는 만큼 정확도는 향상된다고 한다. 첫 홀 티샷을 할 때, 페어웨이가 타이트한 홀에서 티샷을 할 때 그립을 내려잡을 수 있다. 거리보다 정확성이 생명인 아이언 샷을 할 때에도 그립을 내려 잡으면 탄도는 낮아지지만, 정확성은 높일 수 있다. 프로들은 끝이 1인치쯤 보일 정도로 그립하지만, 아마추어들은 대개 그립 끝을 잡는 경향이 있다. '그립 다운'이라고도 한다.

5 커밍 오버 더 톱(Coming over the top)

　'오버 더 톱'이라고도 하는데, 톱에서 다운스윙으로 넘어갈 때 오른 어깨가 아래로 떨어지기보다는 엎어지면서 볼을 향해 돌진하는 것을 말한다. 결국 '아웃-투-인'의 궤도를 만들어 슬라이스 구질을 낸다. 한국계로는 최초로 미국 PGA와 LPGA투어 클래스A 자격증을 딴 크리스티 박은 그 원인에 대해 "대개 테이크어웨이가 너무 평평하기 때문에 톱에서 클럽이 타깃의 오른쪽으로 향하면서 이런 실수를 하게 된다."라고 진단한다. 그러면서 "이런 경우 다운스윙을 할 때 볼을 때리기 위해 의식적으로 힘이 들어가면서 어깨가 덮이며 훅샷을 하게 된다."라고 덧붙인다.

6 딜레이드(delayed) 히트·레이트(late) 히트

다운스윙 때 손목코킹을 최대한 늦게까지 유지한 뒤 임팩트를 하는 것이다. 다운스윙 때 손목과 클럽샤프트가 이루는 'L자형'이 임팩트존에 이르기까지 유지되면 딜레이드 히트를 할 수 있다. 이는 스윙파워의 주요 원천이 된다.

아놀드 파머는 딜레이드 히트를 하려면 ①다운스윙이 시작될 때 체중을 왼쪽으로 이동시키고 ②오른 어깨를 낮추고 오른팔꿈치가 옆구리로 가게 하며 ③손으로 다운스윙을 강요하거나 머리가 왼쪽으로 흔들리는 것을 피해야 한다고 주장한다. 딜레이드 히트를 하는 대표적 선수는 세르히오 가르시아이다. 그의 스윙을 보면 임팩트 직전까지도 'L자'가 유지된다.

7 드라이브는 쇼, 퍼트는 돈
(Drive for show, putt for dough)

드라이버 샷보다 퍼트가 돈(수입)과 직결된다는 말이다. 비슷한 말로 "퍼트를 제압하는 자가 모든 적을 제압한다.", "Putt makes money." 등이 있다. 그런가 하면 "드라이브는 기술(art), 아이언은 과학(science), 퍼트는 영감(inspiration)"이라는 말도 있다. 230m를 넘나드는 장타력에 목숨을 거는 골퍼도 있을 것이고, 1m 안짝의 퍼트 성공률을 높이는 데 주력하는 골퍼들도 있을 것이다.

그러나 아직까지는 퍼트 쪽에 더 무게가 실리는 편이다. 타이거 우즈를 보라. 그처럼 300야드(약 273m)를 날리는 선수들은 많지만, 결정적 순간 그처럼 퍼트 성공률이 높은 골퍼가 있는가.

8 팻(fat)샷 · 씬(thin)샷

'팻샷'은 '헤비 샷(heavy shot)'이라고도 한다. 임팩트존에서 클럽헤드가 볼보다 잔디를 먼저 치는 일을 말한다. 주말 골퍼의 95%가 이 같은 샷 패턴을 보인다는 조사도 있다. '뒤땅치기'라고 생각하면 크게 틀리지 않을 듯하다. 당연히 제 거리가 나지 않는다. 한국형 잔디가 심어진 국내 코스에서는 팻샷을 해도 어느 정도 볼이 전진한다.

그러나 양잔디, 특히 나인브릿지GC처럼 벤트그래스로 된 코스에서 팻샷을 하게 되면 볼이 나가는 거리는 턱없이 짧아진다. '씬샷'은 클럽 헤드 맨 아랫부분(리딩 에지)으로 볼을 때리는 것. 토핑이나 블레이드 샷과 비슷한 개념이다.

9 플라이어 라이(flyer lie)

임팩트 순간 클럽페이스와 볼 사이에 풀이 끼여 톱스핀을 야기하는 일. 러프에서 샷을 할 때 이런 일이 잘 발생한다. 백스핀을 넣기가 힘들기 때문에 대개 한 클럽 정도 볼이 더 나간다.

따라서 그런 라이에서는 클럽 선택 시 한 번호 짧은 것을 잡는 것이 거리를 맞추는 길이 된다. 파3홀에서 티업하지 않은 채 볼을 바닥에 놓고 치면 플라이어 라이가 될 수 있으므로 많은 교습가나 프로 골퍼들은 티업하고 치라고 강력히 권장한다. 어느 선수는 '플라이어(flier)'라고 표현하기도 한다.

10 포워드 프레스 (forward press)

백스윙을 시작하기 전에 그립을 한 두 손(경우에 따라서는 오른쪽 무릎도 함께)을 목표 쪽으로 약간 밀어주는 것. 그 반동으로 백스윙으로 들어가는 일종의 스윙 방아쇠 역할을 한다. 원활한 백스윙을 하는 데 도움을 준다고 알려져 있다. '포워드 프레스'는 정지 상태의 물체가 그 상태에 머물러 있으려는 경향을 말하는 관성을 극복하는 데 도움이 된다. 골프스윙은 계속적인 운동이어야 하는데 이 운동을 일으켜주는 것이 포워드 프레스라는 것이다. 잭 니클로스가 애용하는 방법이다. 아놀드 파머는 포워드 프레스도 백스윙의 일부로 간주돼야 한다고 주장한다.

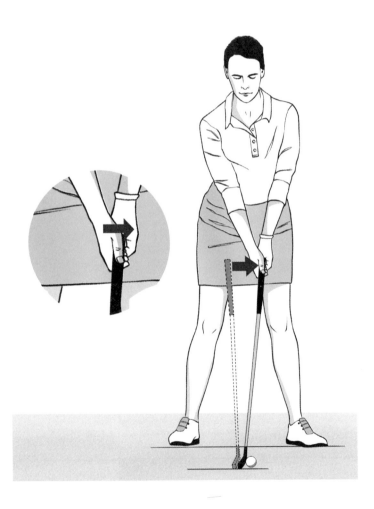

11 그린 스피드

이른바 '스팀프미터(stimpmeter)'라는 기구를 이용해 잰다. 스팀프미터는 미국골프협회(USGA)에서 고안한 것으로 길이 36인치, V자형으로 된 알루미늄 바이다.

1935년 매사추세츠 아마추어 챔피언십 때 에드워드 S 스팀프슨이 고안한 것을 USGA에서 변형해 만들었다. 1978년에 공식대회에 등장해 그린 스피드를 재는 기구로 쓰였다. 볼을 홈이 파인 이 막대위에 올려놓고 볼이 떨어져서 그린으로 굴러 갈 때까지 그 끝을 들어 올린다. 볼이 굴러 간 거리를 피트로 표시해 그 숫자를 읽게 된다. US오픈 코스는 스팀프미터의 수치가 11~12피트(약 3.3~3.6m)에 달한다. 마스터스가 열리는 오거스타내셔널GC는 그보다 수치가 더 높다.

12 헤드 스피드·볼 스피드

헤드 스피드는 시간당 마일이나 킬로미터로 표시된다. 보통 남자 아마추어는 90~95마일, 남자 상급자는 100~105마일, 남자 투어 프로는 110마일 내외, 투어 프로 가운데 장타자는 120마일 이상이다. 최경주는 2008년 소니오픈에서 113마일을 기록했다. 일반 여자 아마추어는 70마일, 일반 남자 시니어 골퍼는 80마일 정도이다. 미셸 위는 106마일, 타이거 우즈는 125마일 정도 나간다. 같은 조건이라면, 헤드 스피드가 높을수록 장타를 낼 수 있다는 것은 불문가지이다. 임팩트 순간 볼 스피드는 헤드 스피드의 1.5배 정도이다. 미셸 위의 볼 스피드는 162마일로 계산된다.

13 래그(lag) 퍼트

먼 거리 퍼트에서 직접 홀을 겨냥하지 않고 홀 주변에 붙이는 샷. 대개는 홀에 조금 못 미칠 정도로 퍼트하는 것을 뜻한다. 래그 퍼트를 잘하는 골퍼는 그만큼 3퍼트 횟수가 줄 수밖에 없다.

래그 퍼트는 방향보다는 거리를 측정하는 데 더 신경을 써야 잘할 수 있는 것으로 알려졌다. 물론 볼을 홀에 바로 넣거나 너무 바짝 붙이려는 욕심은 금물이다. 홀 주변 일정 반경(예컨대 60cm) 안에 볼을 멈추게 한다는 자세가 긴요하다. 테크닉 상으로는 어깨에 의한 시계추 스트로크보다는 손목을 이용하는 것이 먼 거리 퍼트에서 효험이 있다.

14 레이업(lay up)

볼과 목표를 잇는 플레이 선에 해저드나 러프·장애물이 있을 경우 직접 목표를 향해 샷을 하지 않고 안전한 길로 우회하는 샷. 예컨대 380m짜리 파4홀인데 그린 앞이 워터해저드이다. 드라이버 샷을 210m 날렸으나 홀까지는 170m가 남았고 해저드까지 가로놓여 있다.

이 경우 두 번째 샷을 해저드 앞에까지만 보낸 뒤 세 번째 샷으로 그린을 공략할 수 있는데, 두 번째 샷을 레이업 샷이라고 말한다. 레이업은 아마추어 골퍼들이 위험한 상황에서 '빅 넘버'를 막을 수 있는 유용한 수단이다. 결코 소심한 전략이 아니다. 한편 '레이 아웃'은 코스 디자인을, '레이드 오프(laid off)'는 스윙 톱에서 클럽 샤프트가 누워 있어 평평한 상태를 일컫는다.

15 라이 앵글

클럽헤드 바닥을 지면과 평평하게 놓았을 때 샤프트와 지면이 이루는 각도를 말한다. 그런데 골퍼의 체형이 각양각색이다보니 클럽을 편안하게 어드레스했을 때 클럽헤드 바닥이 지면과 고루 접촉하지 않을 수 있다.

어드레스했을 때 헤드의 토(앞 끝)가 지면에서 들리면 '업라이트 라이'라 하여 친 볼은 목표보다 왼쪽으로 가버리곤 한다. 그 반면 헤드의 '힐'(뒤 끝)이 들리면 '플래트 라이'라 하여 친 볼이 목표 오른쪽으로 나간다. 보통 어드레스했을 때 헤드의 토 밑에 동전 하나가 들어갈 정도면 정확한 라이 앵글로 간주한다.

16 네버 업 네버 인(Never up never in)

퍼트에 관한 금언이다. '볼이 홀에 미치지 않으면 들어가지 않는다'는 뜻. 퍼트한 볼이 홀에 다다르지 않으면 아무리 방향이 좋아도 홀에 들어가지 않을 것임은 분명한 일. 그런데도 골퍼들은 퍼트를 짧게 한다. 성격이 소심한 탓이거나, 너무 길게 치면 다음 '리턴 퍼트'까지도 못 넣을 수 있다는 불안감 때문에 그런 것이 아닐까.

이 역시 자신감과 관계가 있다. 홀에 넣을 수 있다는 자신감이 있으면 홀을 향해 과감하게 칠 것이다. 또 과감하게 친 볼이 홀을 외면하더라도 다음 퍼트를 넣을 수 있다는 자신감이 있을 경우에만 홀을 지나치게 칠 수 있는 까닭이다.

17 프리 샷 루틴(pre-shot routine)

샷을 하기 전에 하는 일련의 행동. 골퍼들은 샷을 할 때 곧바로 볼 앞에 가서 클럽을 휘두르지 않는다. 목표를 정하고 그 목표에 정렬을 하며, 왜글로 몸의 긴장을 풀고 연습 스윙을 하며, 최종적으로 볼에 다가가 목표를 본 뒤 비로소 샷을 한다. 그 절차는 골퍼마다 다를 수 있다. 드라이버 샷과 퍼트가 다를 수도 있다. 그러나 중요한 것은 각자 이 루틴을 확고하게 정해두어 매 샷 그 루틴을 따르는 것이다. 그러면 중압감이 있는 상황에서도 평상시처럼 샷을 할수 있다는 것이 중론이다. 타이거 우즈의 '프리 퍼트 루틴'은 퍼트에서 교과서처럼 여겨질 정도로 정평 나 있다.

18 플럼 보빙(plumb-bobbing)

그린의 경사를 파악하는 한 방법으로서 볼 뒤에 선 뒤 퍼터를 수직으로 늘어뜨린 상태에서 볼과 홀을 일직선으로 겨냥한 다음 한 눈을 감고 퍼트라인의 굽어진 정도를 간파하는 것을 말한다. 이때 홀이 오른쪽으로 보이면 퍼트라인은 오른쪽으로 브레이크 되고, 왼쪽으로 보이면 왼쪽으로 브레이크 된다고 본다. 이 방법은 골퍼와 퍼터가 지면에 수직이 되어야 하는 데다, 많은 연습이 필요하기 때문에 아마추어들에게 권장되지 않는다.

캐리 웹 등 일부 프로들이 애용하기는 하나, 실제 효험이 있는지 의문이다. 실제적 도움을 얻기보다는 그런 절차를 통해 집중력을 높이고, 일종의 자기위안을 삼으려는 의도가 다분히 있다.

19 샹크(shank)

골퍼들이 가장 싫어하는 고질병이다. 임팩트 순간 볼이 클럽헤드 가운데에 맞지 않고 '호젤(헤드와 샤프트를 연결하는 지점)'에 맞고 목표 라인 오른쪽으로 휙 가버리는 샷을 일컫는다. 샹크의 원인은 많다. 대개는 클럽페이스가 목표 오른쪽을 겨냥하고 있을 때 발생한다. 따라서 샹크를 치료하는 길은 목표 라인과 스퀘어로 셋업하는 것이다. 발·무릎·힙·어깨 등 몸의 모든 부분이 볼과 목표를 잇는 목표 라인과 스퀘어하게 돼야 한다. 물론 클럽페이스도 스퀘어로 셋업돼야 한다.

20 텍사스 웨지

그린 밖에 있는 볼을 퍼터로 치는 것을 말한다. 지면이 단단하고 건조하여 비교적 고르거나 맨땅이다시피 한 곳에서 애용된다. 텍사스 지방이 그런 조건(지면이 단단하고 비교적 고르며 날씨가 건조함)을 갖춰 그 지방 출신 골퍼들이 그린 밖에서 퍼터를 많이 사용한 데서 유래했다. 볼과 그린 사이에 러프나 별다른 장애물이 없을 때 유용하다. 그린의 같은 거리에서 퍼트할 때보다 좀 세게 쳐야 하는 것은 당연한 일이므로 거리 조절이 핵심이다.

참고로 텍사스 웨지는 퍼트 통계를 낼 때 산입하지 않고 제외한다. 텍사스 웨지 애용자들은 "칩샷을 아무리 잘해도 형편없는 퍼트만 못하다(Your best chip won't get the ball as close as your worst putt)."라는 논리를 내세운다.

21 입스(yips)

주로 퍼트(특히 짧은 거리)할 때 발생하는 신경과민증의 일종이다. 쇼트 퍼트에서 실수에 대한 두려움 때문에 팔과 어깨가 긴장하게 되고, 결과적으로 골퍼가 의도하지 않게 손이 움직이게 된다. 어떤 경우는 골퍼의 몸이 완전히 굳어서 퍼터 헤드를 뒤로 뺄 수조차 없을 때도 있다. 물론 볼은 뜻하지 않게 짧거나 엉뚱한 방향으로 가버린다. 샘 스니드, 베른하르트 랑거, 데이비스 러브 3세 등이 입스 때문에 고생한 대표적 선수이다.

입스를 극복하는 길로는 몸과 마음의 긴장을 완화하는 것이 권장된다. 잭 니클로스는 "백스윙 전에 그립을 목표 쪽으로 약간 밀어주는 '포워드 프레스'를 하면 긴장을 누그러뜨리는 데 도움이 된다."라고 말한다. 퍼트에서뿐 아니라, 요즘엔 드라이버나 웨지 샷 입스도 자주 거론된다.

주말골프 무조건
10타 줄이기

지은이 / 김경수
펴낸이 / 김경태
펴낸곳 / 한국경제신문 한경BP
등록 / 제 2-315(1967. 5. 15)
제1판 1쇄 발행 / 2008년 11월 15일
제1판 5쇄 발행 / 2010년 10월 15일
주소 / 서울특별시 중구 중림동 441
홈페이지 / http://www.hankyungbp.com
전자우편 / bp@hankyungbp.com
기획출판팀 / 3604-553~6
영업마케팅팀 / 3604-595, 555
FAX / 3604-599

ISBN 978-89-475-2637-1 (03690)
값 14,800원

파본이나 잘못된 책은 바꿔 드립니다.